QUAND LA POLOGNE RIT AUX LARMES

DEJÀ PARUS DANS LA MÊME COLLECTION :

KLAUS BARBIE ET LA GESTAPO EN FRANCE
Philippe Harzer
CET HOMME EST EN DANGER
Roger Sénart et Noël Hauterive
MESRINE... OU LA DERNIÈRE CAVALE
Guy Adamik
L'ENFER DES SECTES
Gilbert Picard

HENRYK KURTA
CLAUDE DE GROULART
GEORGES KIELTYKA

QUAND LA POLOGNE RIT AUX LARMES

LE CARROUSSEL — FN
6, rue Garancière — Paris VIe

LES DROITS DE REPRODUCTION DES DOCUMENTS
REPRODUITS DANS CET OUVRAGE ONT ÉTÉ VERSÉS
À SOLIDARNOSC À PARIS

ISBN 2-265-02964-5

A trente-sept millions d'humoristes polonais et au père Jerzy Popieluszko dont le souvenir brise net le rire et fait jaillir les larmes.

AVANT-PROPOS

Avouons-le : nous avons hésité à écrire ce livre. Il nous a longtemps paru indécent de faire rire à propos — sinon aux dépens — d'un pays qui subit le destin que l'on sait. Certes le rire est défoulement ; il possède ce qu'on nomme en langage pédant une « vertu cathartique ». Mais il y a rire et rire, et celui des Polonais, confrontés au malheur qu'ils tournent en dérision, n'est pas le même que celui des gens d'ici qui seraient tentés de nous lire comme ils vont écouter Coluche.

Aussi bien ceux-là risquaient-ils d'être déçus car beaucoup de plaisanteries, qu'elles soient polonaises ou non, perdent leur sel chez ceux qui ignorent tout ou presque des personnages qu'elles mettent en scène et du contexte historique. Ainsi les plus de soixante ans qui rient encore en se racontant les « biens bonnes » du temps de l'Occupation provoquent au mieux parmi leurs petits-enfants un sourire poli...

A un problème d'ordre moral s'ajoutait donc une difficulté de caractère méthodologique. Une difficulté multiforme du reste car si, pour les uns, nous risquions d'en faire trop, à l'inverse nous aurions laissé inévitablement sur leur faim les vrais connaisseurs et d'abord nos lecteurs polonais ou d'origine polonaise qui entretiennent « l'humour des pendus » comme une flamme sacrée. Car la matière est trop vaste pour être embrassée complètement et la blague polonaise est comme l'Univers : en expansion continue.

Et pourtant nous nous sommes jetés à l'eau, écartant certaines objections insuffisamment fondées et nous efforçant de surmonter les autres.

Le risque d'être incomplet ? Nous le conjurons par une totale et franche humilité : nous n'avons pas voulu confectionner une anthologie de l'humour polonais. Il faudrait pour y parvenir rencontrer longuement tous les Polonais âgés de 7 à 77 ans et les revoir ensuite pour une mise à jour annuelle comme il sied aux éditeurs d'encyclopédie. Tâche surhumaine par nature et d'autant moins à la portée des auteurs que tous trois, depuis un certain 13 décembre, se sont mis en délicatesse avec la Pologne jaruzelskienne, sa pompe, ses œuvres et ses séides. Notre propos vise seulement à fournir à l'ensemble du public francophone l'échantillon probant d'une forme de résistance à l'oppression, sinon tout à fait originale, du moins plus poussée à l'est de l'Europe que sous d'autres latitudes totalitaires : la résistance par l'humour.

Plus redoutable était le péril mentionné en premier : faire rire comme bronzent les vacanciers « consuméristes », c'est-à-dire idiot. Pour éviter cet écueil nous avons imaginé un dispositif de présentation inhabituel pour une matière faite essentiellement d'histoires drôles. Nous les avons regroupées par périodes et, à l'intérieur de chacune d'elles, dans la mesure du possible, par thèmes. L'Histoire, pas drôle du tout celle-là, de la Pologne communiste comporte en effet cinq phases bien distinctes : l'installation du régime et le stalinisme qui l'a presque immédiatement marqué de sa terrible empreinte ; l' « Octobre » polonais et le « règne » de Wladyslaw Gomulka qui s'étend de 1956 à 1970 ; l' « ère Gierek » qui couvre la presque totalité des dix années suivantes et se clôt en août 1980, point de départ de l' « époque de Solidarité ». La cinquième et dernière époque est, hélas, toujours en cours : elle s'est ouverte par le coup de force du général Jaruzelski en date du 13 décembre 1981.

Nous avons fait précéder chaque période et les histoires qui s'y rapportent d'une brève introduction permettant aux lecteurs de se remémorer les principaux événements et leurs acteurs au moins dans la mesure où ces derniers sont soit la cible, soit les protagonistes des histoires rapportées ; nous avons également tenu à expliquer par ce moyen l'état d'esprit, la « tonalité » caractéristique de chaque période afin de mieux faire apprécier la sorte d'humour qu'elle a sécrétée. De la sorte nous avons pu faire l'économie des glossaires, annexes et appendices qui ôteraient toute saveur aux plaisanteries dès lors que le lecteur serait forcé de s'y reporter pour comprendre le sens de ce qu'il lit. Comme on le verra plus loin, deux chapitres « hors série » s'intercalent dans ce déroulement chronologique.

Les brèves introductions à nos différents chapitres ne sauraient constituer, même mises bout à bout, une Histoire du communisme polonais. Bien d'autres ouvrages existent sur ce thème qui font autorité. Le souci de « mise en situation » des histoires nous a conduits à ne rappeler que quelques faits essentiels.

Notre démarche, nous le savons, n'est pas pour

autant à l'abri des critiques. Ainsi toutes les blagues ne sont-elles pas datables avec précision pour qui les reçoit de seconde main. Certains jugeront dès lors notre classement chronologique tantôt contestable, tantôt erroné. En fait, là où notre souvenir ou notre information laissait place au doute, nous avons seulement cherché à être plausibles. Ainsi la majorité des histoires qui ont pour sujet la définition du communisme ont-elles été rangées dans la première époque. C'était celle de la mise en place du régime mais aussi de ses manifestations les plus outrées et les plus féroces. Il est permis de penser que c'est la nature même du système communiste amené dans les fourgons de l'étranger qui alors excitait le plus la verve de ceux qui commençaient de le subir et en découvraient toutes les facettes. Aussi bien, on ne prête qu'aux riches : beaucoup de plaisanteries, réputées polonaises, sont en fait « importées » des pays frères ; nous en avons fait figurer quelques-unes qui ont reçu leur pleine naturalisation de la part des Polonais qui les jugeaient adaptées à leur situation et les colportaient dès lors avec autant d'entrain que les « productions » authentiquement *made in Poland*. Car il existe bel et bien un Comecon de l'histoire drôle, qui résulte logiquement des frustrations semblables, que fait subir un même système aux différents peuples qu'il assujettit.

En revanche, nous avons écarté les histoires par trop intrinsèquement polonaises, c'est-à-dire celles dont la compréhension postule une connaissance approfondie non seulement du communisme polonais mais aussi de l'Histoire lointaine de ce pays ainsi que de ses us et coutumes. Il en est de même pour celles basées sur des jeux de mots intraduisibles.

Nous n'avons voulu retenir que ce qui remplissait simultanément trois conditions : la restitution la plus frappante de l'état d'esprit des Polonais à un moment déterminé ; la drôlerie intrinsèque ; la compréhension aisée par un public occidental moyennant un minimum d'explications préalables.

Toute règle qui se respecte souffre des exceptions. Nous avons dès lors laissé subsister quelques histoires, peu nombreuses, qui perdent un peu de leur sel du fait de la traduction mais qui ont le mérite d'évoquer soit un épisode historique ou politique significatif, soit un trait typique du caractère polonais. Il en est ainsi par exemple de l'anecdote sur l'homme-qui-a-tué-le-plus-de-Russes ou des aventures de Bujak, le chef toujours en fuite de Solidarité clandestine, devenu peu à peu le Robin des Bois polonais. Parfois, certaines plaisanteries cessent d'être telles pour devenir de véritables petits contes philosophiques, comme, par exemple celle rapportée à l'extrême fin de l'ouvrage et qui a pour cadre un train où ont pris place les principaux dirigeants — morts ou vivants du reste, mais c'est la licence de l'humour — du communisme polonais.

En plus du phénomène évoqué plus haut du « Comecon de l'histoire drôle », il arrivera au lecteur de se croire en présence d'une authentique histoire belge, suisse... ou corse repeinte aux couleurs polonaises pour les besoins de la cause. Ce lecteur perspicace aurait tort de voir là on ne sait quel masochisme des auteurs dont deux sur trois ont la nationalité belge... Celles-là, comme les autres, sont bel et bien garanties d'origine et d'appellation polonaises contrôlées. L'explication de cette étrange parenté est très simple : là où les Français, en panne de têtes de Turcs se rabattent sur des têtes de Belges ou de Suisses, les Polonais prennent des têtes de Russes... ou de communistes en général. A partir de là, les lois de la « mise en boîte » sont les mêmes, l'antipathie, voire la haine, en plus.

Cette « antipathie », nous avons voulu en laisser subsister quelques échantillons particulièrement percutants même s'ils ne sont pas tous marqués au coin de l'humour le plus subtil et le plus délicat, ici encore à titre documentaire.

En effet, les Polonais, malgré leur bravoure légendaire, ne dérogent pas à l'humaine nature et celle-ci, au-delà d'un certain seuil de frustration, n'en peut plus d'assumer un humour subtil qui n'est que la coquetterie du désespoir. Les Polonais, eux aussi, finissent par appeler les choses et les gens par leur nom, renonçant à se faire les esthètes du malheur et à le sublimer en traits d'esprit.

En un mot comme en cent, nous avons tenté de rendre compte de tous les aspects d'une forme particulière de résistance. Cette résistance est à prendre au sérieux quand bien même elle recourt à l'arme du rire. Par respect pour elle, nous avons voulu faire vrai avant de chercher à faire drôle. *Docere ridendo* (instruire en amusant), dit un adage antique ; en amusant eux-mêmes et les autres, les Polonais s'instruisent et nous instruisent sur leur condition de peuple en lutte.

Afin que le rire qui n'est ici qu'un moyen ne dénature pas les fins qu'il doit servir, nous avons mentionné, en plus des cris de colère évoqués ci-dessous, quelques anecdotes vécues personnellement par l'un ou l'autre d'entre nous, ainsi que d'autres recueillies de première main. Certaines mêlent l'émotion à la cocasserie, d'autres sont franchement poignantes mais toutes sont vraies. Enfin les photos et caricatures qui illustrent l'ouvrage sont là pour achever de rappeler le tragique sous-jacent au rire que les blagues ont pour fonction d'engendrer.

« Frappe mais écoute », dit un autre adage des Anciens. Puisse le rire, en ce qui nous concerne, nous les Occidentaux, enfants gâtés de Yalta, se plier à une maxime de circonstance qui s'inspire du fameux propos stoïcien : ris mais médite. Ce n'est qu'alors et alors seulement que nous aurons atteint notre but.

La plupart des plaisanteries « politiques » sont contemporaines des événements qu'elles évoquent ou les suivent de près. Elles attestent de la manière dont ces événements ont été perçus et des réactions psychologiques qu'ils ont entraînées. Cette perception, en l'occurrence, est souvent fragmentaire, partielle, voire partiale... Ce constat qui vaut pour les démocraties s'applique plus encore aux régimes totalitaires qui censurent, occultent ou brouillent les pistes. En revanche, les blagues exacerbent les sentiments qu'elles laissent voir, qu'il s'agisse de la moquerie, du mépris, de la dérision, voire de la haine. Telle quelle, la blague vise à l'essentiel, elle le prend à bras-le-corps et quelquefois, si l'on ose dire, à bras le cœur ; elle tend à en rendre compte par une formulation ramassée, synthétique et frappante.

Or donc, en Pologne, l'essentiel, c'est l'aliénation ou, pour être clair, le sentiment de non-maîtrise de leur destin qu'éprouvent les Polonais depuis quarante ans. Fort logiquement, ce sont les événements propres à illustrer le mieux cette aliénation, voire à l'aggraver qui fournissent matière à humour, au même titre, inversement, que les actes et les propos qui cherchent à la conjurer. Mais bien souvent le fait politique, économique ou culturel « contingent » qui a donné naissance à l'histoire se perd vite même s'il est évoqué dans la version originale. En effet, au fil des métamorphoses que subissent la plupart des anecdotes et surtout les meilleures, une décantation s'opère. Il en est ainsi d'innombrables sur les pénuries alimentaires. Ces pénuries sont récurrentes et chacune de leurs réapparitions donne naissance à une nouvelle génération de plaisanteries qui prennent appui sur les circonstances du moment.

Mais très vite, les versions s'élaguent et laissent voir une trame, toujours la même : les pénuries résultent soit du pillage de la Pologne par l'Union soviétique qui dicte les termes iniques de l'échange, soit du système lui-même d'autant plus intrinsèquement mauvais qu'il est tout à la fois incapable et peu désireux de s'amender. A ce stade, la blague, la blague épurée, devient intemporelle. En conséquence, nous avons regroupé sous un même chapitre intitulé tout simplement « Pénuries » toutes les plaisanteries, ou anecdotes ayant trait à ce phénomène, à l'exception des quelques cas où il nous a paru non seulement possible mais préférable de les restituer dans la période où elles ont vu le jour.

Nous avons procédé de même pour celles qui concernent le sentiment anti-soviétique. Ici encore la trame, elle aussi, est double : elle laisse voir une pulsion anti-russe héritée de l'Histoire (le ressentiment s'y mêle à la condescendance ironique) en même temps qu'une certaine conception de l' « homo sovieticus » tenu pour l'incarnation la plus achevée du système qui a vu le jour sur son sol. Ces deux visions s'alimentent l'une à l'autre : en effet dans l'esprit des Polonais, une association étroite ne tarde pas à s'établir entre l'éternel moujik (au sens où l'on

SOLIDARNOŚĆ

ZWYCIĘŻY

STYCZEŃ

N	P	W	Ś	C	P	S
						1
2	3	4	5	6	7	8
9	10	11	12	13	14	15
16	17	18	19	20	21	22
23	24	25	26	27	28	29
30	31					

LUTY

N	P	W	Ś	C	P	S
		1	2	3	4	5
6	7	8	9	10	11	12
13	14	15	16	17	18	19
20	21	22	23	24	25	26
27	28					

MARZEC

N	P	W	Ś	C	P	S
		1	2	3	4	5
6	7	8	9	10	11	12
13	14	15	16	17	18	19
20	21	22	23	24	25	26
27	28	29	30	31		

KWIECIEŃ

N	P	W	Ś	C	P	S
					1	2
3	4	5	6	7	8	9
10	11	12	13	14	15	16
17	18	19	20	21	22	23
24	25	26	27	28	29	30

MAJ

N	P	W	Ś	C	P	S
1	2	3	4	5	6	7
8	9	10	11	12	13	14
15	16	17	18	19	20	21
22	23	24	25	26	27	28
29	30	31				

CZERWIEC

N	P	W	Ś	C	P	S
			1	2	3	4
5	6	7	8	9	10	11
12	13	14	15	16	17	18
19	20	21	22	23	24	25
26	27	28	29	30		

LIPIEC

N	P	W	Ś	C	P	S
					1	2
3	4	5	6	7	8	9
10	11	12	13	14	15	16
17	18	19	20	21	22	23
24	25	26	27	28	29	30
31						

SIERPIEŃ

N	P	W	Ś	C	P	S
	1	2	3	4	5	6
7	8	9	10	11	12	13
14	15	16	17	18	19	20
21	22	23	24	25	26	27
28	29	30	31			

WRZESIEŃ

N	P	W	Ś	C	P	S
				1	2	3
4	5	6	7	8	9	10
11	12	13	14	15	16	17
18	19	20	21	22	23	24
25	26	27	28	29	30	

PAŹDZIERNIK

N	P	W	Ś	C	P	S
						1
2	3	4	5	6	7	8
9	10	11	12	13	14	15
16	17	18	19	20	21	22
23	24	25	26	27	28	29
30	31					

LISTOPAD

N	P	W	Ś	C	P	S
		1	2	3	4	5
6	7	8	9	10	11	12
13	14	15	16	17	18	19
20	21	22	23	24	25	26
27	28	29	30			

GRUDZIEŃ

N	P	W	Ś	C	P	S
				1	2	3
4	5	6	7	8	9	10
11	12	13	14	15	16	17
18	19	20	21	22	23	24
25	26	27	28	29	30	31

1983

Calendrier pour 1983 édité par les clandestins de «Solidarnosc».

Couverture d'une publication clandestine pastichant un poème de Pouchkine, «La tsarine et le miroir»

dit l'éternel féminin) et le système boiteux et pervers que ce même moujik a breveté depuis des décennies et auquel il s'accroche en dépit de ses « dysfonctions » de toutes sortes. Par définition, ce moujik ne saurait rien accomplir qui fût digne d'estime ou d'intérêt ; ainsi même les prouesses authentiques de l'Union soviétique, dans le domaine spatial notamment, sont-elle tournées en « dérision » ; sans doute parce qu'elles n'améliorent nullement les conditions de vie de l'homme de la rue, pas plus à Varsovie... qu'à Moscou ! De même, c'est avec un malin plaisir que les Polonais pourfendaient la fausse science des biologistes de l'époque stalinienne, Lyssenko et Mitchourine, ainsi que leurs fameux « croisements » par lesquels ils espéraient démontrer la justesse de leurs théories sur l'hérédité des caractères acquis.

Un mot encore sur l'étonnante verve que montrent les Polonais dans les domaines de l'humour et de la boutade politique. Elle tient avant tout, pensons-nous, aux circonstances très particulières — nous y reviendrons —, qui ont marqué l'installation et l'évolution du communisme « à la polonaise » et à la vigueur des réactions suscitées par ce dernier. Pour le surplus, bornons-nous à constater que si le « système » fut là-bas plus souvent qu'à son tour sanguinaire, il fut toujours et notamment sous le « règne » d'Edward Gierek, le plus coulant d'Europe de l'Est dans les domaines de la culture, de l'expression des idées... et de la délivrance des visas de sortie. De même le colportage des histoires même les plus féroces ne fut jamais considéré comme un délit contrairement à l'U.R.S.S. où les animateurs de Radio-Erivan tombent sous le coup de l'application extensive de l'article du code pénal réprimant la diffusion de fausses nouvelles (1)...

Il en résulte que les Polonais furent et restent les mieux à même de se faire une idée précise du mode de vie occidental (si l'on excepte les citoyens de la R.D.A. « irrigués » par la télé ouest-allemande) cependant qu'ils étaient (et semble-t-il redeviennent) les plus nombreux en pourcentage à se rendre dans les pays de l'Ouest où une diaspora nombreuse est prête à les informer autant qu'à les accueillir.

Comment s'étonner dès lors qu'étant les mieux placés pour comparer les modes de vie et d'organisation politique de part et d'autre du rideau de fer, les Polonais soient devenus les censeurs les plus virulents du sort fait aux laissés pour compte de Yalta ; charité bien ordonnée commençant, comme de juste, par soi-même...

(1) Radio-Erivan. Erivan est la capitale de l'Arménie soviétique mais la radio dont il est question ici est imaginaire. C'est la convention par laquelle les humoristes, soviétiques d'abord et par la suite d'Europe de l'Est en général, introduisent un genre particulier de blagues consistant en une question et une réponse.

CHAPITRE PREMIER

Fraternellement vôtre..

Convenons-en : le régime communiste en Pologne n'a pas eu de chance. Lorsqu'il voit le jour le 22 juillet 1944 dans la ville de Lublin (ironie du sort, la cité toute proche du camp d'extermination de Majdanek, abritait et abrite toujours la seule Université catholique du pays...), une infamie et un crime se sont déjà produits qui le discréditent gravement ; dix jours plus tard, une tragédie collective sans précédent dans l'Histoire de Pologne (si l'on excepte bien sûr les horreurs nazies) achèvera de le rendre parfaitement haïssable.

L'infamie c'est le coup de poignard dans le dos donné par Staline à une nation déjà submergée par l'agression hitlérienne ; le 17 septembre 1939 en effet, prenant à revers la malheureuse armée polonaise qui ploie sous le raz de marée des panzers et des stukas, l'Armée rouge pénètre en Pologne orientale dont elle s'empare rapidement. La manœuvre est exécutée conformément au Pacte conclu fin août par Hitler et Staline dont les troupes fraterniseront sur la nouvelle frontière tracée de commun accord, et Molotov peut lancer sa phrase fameuse : « Le rejeton de Versailles a vécu... ».

De fait l'objectif recherché par les tsars et avant eux les chevaliers Teutoniques paraît à nouveau atteint : la Pologne, ressuscitée en 1918 après 123 ans d'occupation conjointe par la Prusse, la Russie et l'Autriche, grâce à la défaite de l'Allemagne du kaiser et au chaos où est plongée la Russie ex-impériale, a cessé une fois de plus d'exister.

Le bouleversement provoqué par le brusque déclenchement du conflit entre les totalitarismes hitlérien et stalinien va-t-il lui offrir une chance de renaître ? Le gouvernement polonais de 1939 exilé à Londres l'espère ; Churchill d'abord, Roosevelt ensuite lui en donneront l'assurance. Ce gouvernement esquisse d'ailleurs un rapprochement, dicté par les circonstances, avec Moscou. Pas pour longtemps car il sera brutalement interrompu par le crime qui a suivi presque dans la foulée l'infamie. La propagande allemande vient de le révéler et une fois n'est pas coutume, elle a dit vrai : au printemps de 1941, dans la localité biélorusse de Katyn, cinq mille officiers polonais ont été froidement exécutés sur l'ordre de Moscou. Au même moment, ne l'oublions pas, Hitler fait procéder au « génocide sélectif » des cadres de la nation ; professeurs d'université, ouvriers qualifiés, prêtres, etc., ont été décimés.

Le choc de Katyn, boucherie perpétrée par un pays devenu pourtant formellement « allié », sera terrible. Le gouvernement polonais de Londres rompt ses relations avec Moscou. Pour lui, ce forfait dévoile les intentions futures de Staline. Coûte que coûte, il faut les prévenir.

Par des pressions sur les alliés occidentaux certes mais aussi par l'action de la formidable armée de guérilla, dite Armée de l'intérieur (celle-ci même dont le symbole, l'ancre (1), réapparaîtra dans les manifestations de Solidarité) qui s'est peu à peu constituée et contrôle la grande majorité des maquis anti-allemands.

Or donc, le 22 juillet Staline a bel et bien confirmé les intentions qu'on lui prêtait depuis Katyn. Ses hommes liges de Lublin, en créant leur gouvernement provisoire (un provisoire qui dure toujours), ont abattu leurs cartes ou plutôt celles du Kremlin : la Pologne de demain sera communiste et vassale de l'Union soviétique, c'est-à-dire pour les Polonais qui se voient reportés à l'avant-Première Guerre mondiale, vassale de la Russie.

Alors que faire ? Le temps presse car déjà l'Armée rouge approche de la Vistule. Une seule solution reste ouverte : devancer Staline en libérant Varsovie pour le compte du gouvernement de Londres comme Leclerc le fera de Paris quelques semaines plus tard au bénéfice de De Gaulle... Dès lors les dés sont jetés : Bor-Komorowski qui commande les insurgés reçoit le feu vert et le 31 juillet à 17 heures une grêle de balles s'abat sur une troupe de soldats allemands dans un faubourg de Varsovie. Dès le lendemain, 1er août, c'est toute la ville qui s'embrase.

La suite est connue ; c'est l'horreur et l'épopée ; la double démesure, celle du désespoir chez les Polonais et celle de la rage haineuse chez les nazis qui après la reddition des insurgés le 3 octobre, raseront Varsovie, où sont déjà tombés trois cent mille combattants et civils, avec une minutie démoniaque.

(1) L'ancre stylisée de l'A.K. se terminait à son sommet par une boucle évoquant la lettre « p » (Pologne) qui semblait alors surmonter les deux pointes recourbées, évoquant elles, le « W » du mot « Walczaca » signifiant combattante. Solidarité allait prolonger la boucle pour évoquer un « S ».

Or depuis le 17 septembre, l'Armée rouge, cinq ans après jour pour jour le « coup de poignard dans le dos » de 1939, est de retour de l'autre côté de la Vistule mais elle se croise les bras. Lorsque le corps d'armée polonais qui y est incorporé a demandé au maréchal russe Rokossovski — qui est lui-même d'origine polonaise — de pouvoir passer le fleuve, son chef le général Berling s'est entendu répondre : « J'ai déjà demandé cette autorisation mais Staline m'a répondu qu'il était préférable de laisser faire par les Allemands une besogne que nous serions de toute manière forcés d'accomplir nous-mêmes un peu plus tard... »

On n'aurait su mieux dire... Dans les ruines de Varsovie reposent des dizaines et des dizaines de milliers d'hommes et de femmes qui à coup sûr auraient constitué la tête et les bras d'une nouvelle résistance.

L'holocauste de la capitale a parachevé le génocide sélectif évoqué plus haut et qui a coûté la vie à six millions de Polonais, dont trois millions de juifs. Hitler, malgré la rupture de leur Pacte, a bien travaillé pour Staline en le privant d'une foule d'opposants en puissance. Si la période dite « stalinienne » qui commence trois ans après que l'Armée rouge aura enfin pénétré dans les décombres de la capitale sera moins sanglante en Pologne qu'ailleurs, on peut penser qu'une des raisons en est le solide coup de main préalable ainsi donné par la Prusse nazifiée à l'empire des tsars repeint en rouge.

Voilà donc les fondements tragiques et infamants sur lesquels le « gouvernement » de Lublin a pour mission d'édifier, dans les plus brefs délais, une Pologne communiste sous l'aile tutélaire de l'Union soviétique, alliée et maintenant « fraternelle »! On n'envie guère la tâche de ses propagandistes chargés de montrer et de magnifier « l'amitié séculaire » des deux nations...

Pourtant ces propagandistes et leurs chefs se mettront à la tâche, se conformant au petit catéchisme orwellien selon lequel qui veut contrôler le présent et l'avenir se doit de contrôler le passé. Mais la besogne allait se heurter à des obstacles insurmontables même pour l'appareil de propagande le plus tentaculaire et le plus oppressant qu'ait jamais connu l'Histoire des hommes. Le souvenir du passé proche et lointain se révélera invincible. Dès 1976 avec le K.O.R. et les cours de l'Université volante, davantage encore ensuite à l'apparition de Solidarité, la défalsification de l'Histoire sera l'une des principales revendications populaires allant de pair avec la réhabilitation des victimes non communistes du nazisme et des patriotes survivants sur lesquels le régime se sera acharné durant la période stalinienne. Mais auparavant déjà, la pression populaire aura, à chaque grande secousse subie par le système, arraché à ce dernier de substantielles concessions dans la récupération des symboles de la dignité et de l'authenticité de la nation.

Parfois c'est le pouvoir lui-même, aux abois, qui prendra les devants. Ce sera le cas de Gierek; catapulté au sommet de la hiérarchie du Parti et de l'Etat par les sanglantes émeutes de la Baltique, il annoncera dans la même phrase à la radiotélévision l'annulation des hausses de prix qui avaient mis le feu aux poudres... et la reconstruction du château royal à l'entrée de la vieille-ville de Varsovie. Avant lui Gomulka avait déjà réhabilité les officiers non communistes fusillés sous le stalinisme et commencé de donner des gages « moraux », telle la remise en place devant le beau bâtiment du Conseil des Ministres de la statue de Jozef Poniatowski (arrière-grand-oncle de « Ponia ») le célèbre maréchal d'Empire et le père de la « petite Pologne » brièvement reconstituée par Napoléon.

Plus tard et toujours sous Gierek, d'autres satisfactions allaient suivre dont la plus importante fut la Journée du Soldat polonais où un même hommage était enfin rendu, annuellement, à tous les combattants de tous les fronts, de Monte Cassino à Berlin, sans distinction d'allégeance politique. Plus tard, le régime allait enfin se décider à rendre justice aux héros de l'insurrection sans aller bien sûr jusqu'à approuver leurs mobiles politiques. Même les scellés du mensonge apposés sur Katyn ont fini — en partie — par sauter. Ainsi la carte officielle des massacres allemands perpétrés sur le territoire polonais (dans ses frontières de 1939) omet-elle pudiquement de faire figurer le nom maudit...

Le rappel de ce passé proche qui va de 1939 à 1944 suffirait déjà largement à expliquer le rejet par la très grande majorité de la population d'un régime amené dans les fourgons de l'étranger. Mais dans le cas de la Pologne, l'évocation du passé plus lointain, loin de mettre un baume sur les plaies ainsi ouvertes, les rend plus douloureuses. Ne rappelons que pour mémoire les 123 ans d'occupation étrangère (celle de la Russie s'étendait sur la majeure partie du territoire) inaugurée par le troisième et dernier partage du pays en 1795.

Quand Varsovie brûle en cet été tragique de 1944 moins de 26 ans à peine écoulés depuis qu'a pris fin cette épaisse nuit et quand l'Armée rouge pénètre dans la ville le 17 janvier 1945, les quelques Varsoviens adultes qui errent dans les décombres doivent songer avec des sentiments pour le moins mêlés à un certain 15 août 1920. Ce jour-là, le maréchal Pilsudski, restaurateur de la patrie et qui a tenté de reconquérir l'Ukraine jadis dans la « mouvance » polonaise (mais a été reconduit l'épée dans les reins jusque sur les bords de la Vistule par Trotski et l'Armée rouge), attend le choc de l'envahisseur. Il le supportera victorieusement, en partie grâce à une mission militaire dépêchée dare-dare par Paris, sous le commandement de Weygand et où figure un obscur capitaine répondant au nom de Charles de Gaulle...

Cet épisode glorieux repris en compte plus tard par Solidarité renvoie les Polonais à des temps plus lointains encore, ceux d'avant les Partages, des temps plus heureux certes, mais dont la nostalgie ne fait que rendre plus humiliante l'inféodation idéologique, politique et bientôt économique aux « Moscofs » comme on appelle là-bas les Russes quand les langues se mettent, la vodka aidant, à parler le langage des tripes.

Par un paradoxe de l'Histoire, quelques dizaines d'années avant sa disparition de la carte, la Pologne occupait encore sur celle-ci un espace qui s'étendait de l'Oder au-delà de Smolensk et de la mer Baltique. Cet espace politiquement faible qui est en fait celui d'une République nobiliaire — où les rois élus, et non héréditaires, ont peu de pouvoir — est cependant un espace rayonnant de culture et de civilisation comme l'attestent pour le visiteur les splendeurs architecturales de Cracovie, Varsovie et bien d'autres lieux ainsi que la musique médiévale, renaissante et baroque, la peinture, la littérature et les sciences (cf. Copernic).

Cette splendeur culturelle qui se manifeste très tôt (Cracovie inaugure son université en 1366 quand la Russie, alors grand-duché de Moscovie, n'est encore que le vassal humilié des Mongols) s'accompagnera des siècles durant pour la Pologne d'une suzeraineté culturelle et même linguistique sur les vastes espaces ukrainiens et biélorusses qui la bordent à l'est.

Or, et c'est là une donnée majeure, cette culture ancienne et prestigieuse est occidentale ; occidentale parce que catholique. En décidant d'embrasser la foi romaine en l'an 966, le roi Mieszko conférera à son pays une singularité culturelle qui aura rapidement des conséquences politiques. Cette singularité aggravera par la suite pour la Pologne les inconvénients d'une situation géographique où elle se verra peu à peu coincée entre une Russie orthodoxe en expansion constante et une Allemagne devenue protestante et sans cesse plus puissante elle aussi.

Mais cette singularité génératrice d'une foi ardente, qui fait corps chez les Polonais avec la fierté liée à l'ancienneté et au prestige de leur culture, aura pour eux des contreparties positives. Elle les aidera à ne pas se dissoudre durant les Partages.

Aujourd'hui, cette même fierté reste un ferment de l'esprit d'indépendance en même temps qu'elle rend plus cruelle la sujétion à un maître qui symbolise le barbare, au sens moderne comme au sens grec (1) du terme. Comme en témoigne la série d'anecdotes qui va suivre, le Polonais, même le plus humble, aura toujours en face du Soviétique les sentiments du seigneur devant le paysan parvenu à qui il a vendu son château, sentiments d'autant plus aigus que la

(1) L'étranger.

vente ici a été forcée et le château payé en monnaie de singe...

Voilà donc brossé, à très large traits, le portrait politique et surtout psychologique d'un des pays que Staline au lendemain de la Deuxième Guerre mondiale s'apprête à avaler. Comme les histoires drôles qu'il va bientôt fabriquer, son destin n'est ni spécifique ni exceptionnel mais il est, à tout le moins, singulier. D'autres pays ont perdu ou vont perdre bientôt leur indépendance, mais aucun n'a été ou ne sera spolié de ses destinées d'une manière aussi tragiquement brutale, pas même ceux qui combattirent aux côtés de l'Allemagne hitlérienne.

D'autres nations, elles aussi la proie de Staline, avaient eu maille à partir avec la Russie de jadis, notamment la Hongrie ainsi que la Roumanie. Quant aux habitants de la future R.D.A., il est aisé d'imaginer les sentiments qui les animaient. Mais aucun de ces peuples ne nourrit contre ce nouveau maître une aversion aussi ancienne que la Pologne ; aucun n'a non plus, comme elle, dominé jadis son conquérant d'aujourd'hui.

Le catholicisme peut paraître en soi plus spécifique mais cette religion est aussi, très majoritairement, celle des Hongrois. C'est son ardeur et sa combinaison avec d'autres éléments, historiques et géopolitiques, qui en font vraiment en Pologne une singularité. De même, l' « occidentalité » n'est pas le fait des seuls Polonais ; les Tchèques et les Hongrois peuvent eux aussi s'en prévaloir. Mais ce n'est pas du même Occident qu'il s'agit : Rome, Paris et Londres pour les premiers, l'ex-Empire autrichien et aussi l'Allemagne pour les deux autres. Singularité donc, encore et toujours, sinon spécificité. Pourtant, ces singularités additionnées font de la Pologne un

« cas ». Les sentiments anti-russe et anti-soviétique étroitement imbriqués et suraigus l'emportent sur tous les autres, y compris l'hostilité au communisme sous son aspect abstrait de doctrine. C'est la raison pour laquelle nous avons choisi d'accorder la première place aux blagues qui s'en prennent de front et exclusivement à ceux qui feront toujours figure d'occupants, soit directement, soit par zomos (1) interposés.

***

Dans ce premier échantillonnage, tout fait farine au moulin de la colère. Les Polonais cognent dur, n'hésitent pas à s'en prendre aux infirmités de l'âge chez les dirigeants soviétiques ou présenter le Russe comme un hybride entre l'homme et le singe. C'est l'outrance expliquée plus haut où l'humour concentre comme une loupe les sentiments qu'il exprime...

Sont évoqués également le « profitariat » qui caractérise le système, le pillage des « frères » par leur « aîné ».

On notera aussi les nombreuses blagues mettant en scène les Chinois, ceux-ci ne sont à proprement parler ni frères ni amis et leur variante de communisme n'a rien qui séduise les Polonais. Mais les ennemis de nos ennemis, même si les deux se ressemblent, sont tout de même toujours un peu nos amis...

***

Une équipe multidisciplinaire de chercheurs polonais comprenant des paléontologues, des archéolo-

(1) La sinistre police anti-émeutes particulièrement active depuis le coup de force de Jaruzelski.

gues et des historiens s est rendue sur les sites d'Asie mineure où l'on a coutume de situer la Genèse. A leur retour, les scientifiques tiennent une conférence de presse. Leurs conclusions sont formelles : Adam et Eve étaient soviétiques.

— Des preuves, des preuves, réclament fiévreusement les journalistes.

— Evidentes, répond le chef de l'équipe. Adam et Eve vivaient nus, ils se nourrissaient de pommes et ils se croyaient au paradis...

***

Qu'est-ce que l'Etat polonais aujourd'hui ?

— Il est pareil à un enfant sorti du ventre de sa mère ; il est tout petit, il hurle tout le temps pour avoir à manger ; il est aussi rouge et aussi laid que ses petits frères jumeaux qui l'entourent...

***

Radio-Erivan :

L'Union soviétique a décidé de changer d'emblème. Le marteau et la faucille seront remplacés par Eros, le dieu de l'Amour, tout nu et bandant son arc.

Pourquoi ?

— Eros symbolise l'amour que l'Union soviétique porte aux peuples du monde ; l'arc et la flèche expriment la manière sans détour par laquelle s'extériorise l'amour de l'Union soviétique ; la nudité d'Eros, enfin, évoque l'état dans lequel se retrouvent les peuples après les manifestations d'amour de l'Union soviétique...

***

La nouvelle occupe une large place dans les journaux. On a retrouvé la trace du montagnard qui jadis, avant la glorieuse révolution d'Octobre, avait guidé Lénine lors d'un séjour dans les Tatras. Une équipe de la radio a été dépêchée sur les lieux.

Elle déniche le vieillard et entreprend de le questionner :

— Ainsi donc, Janko, c'est vous qui avez eu l'honneur de guider Vladimir Ilitch Lénine dans nos belles montagnes ?

— Lénine, fait le rustique, passablement renfrogné ; p't-être ben que oui, p't-être ben que non ; c'est que j'en ai guidé, moi, des touristes dans ma chienne de vie...

— Allons, camarade, fait le reporter quelque peu déconfit ; vous devez bien vous souvenir ; c'était avant la Première Guerre mondiale...

— Ben, même alors, il y avait déjà des touristes... Et d'abord comment qu'il était fait vot' Lénine ?

— Eh bien, il était de petite taille, chauve et portait des moustaches avec une barbiche en pointe...

— Ah ! c'était lui Lénine ! Eh bien si j'avais su, je l'aurais dénoncé à la gendarmerie !

***

En face de la Commission de Planification, à Varsovie, se dresse l'église Saint-Alexandre. A plusieurs reprises, Nowak, haut dignitaire du régime, a aperçu son vieux camarade Kowalski. Kowalski, qui a moins bien réussi dans la vie que Nowak, est pauvrement vêtu mais il tient toujours à la main un bouquet de fleurs.

Nowak se décide un jour à l'aborder. Après lui avoir demandé de ses nouvelles et pour renouer avec la familiarité d'autrefois, il entreprend d'ironiser sur les intentions galantes qu'il prête à son ami :

— Tu n'as pas honte, vieux cochon, à ton âge et avec si peu de discrétion !

— Non, fait Kowalski, ce n'est pas ce que tu crois : j'attends les Américains.

— Les Américains ! fait Nowak courroucé. Toi, un militant de toujours du Parti ; toi qui attendais jadis les Russes avec tant d'impatience.

— Justement...

— Justement quoi ? crie Nowak.

— Eh bien ils sont venus, non ?

***

Sur le même thème :

L'institutrice interroge le petit Tomek.

— Quels sont les pays amis de la Pologne ?

— Les Etats-Unis, l'Angleterre, la France, l'Italie...

L'institutrice s'efforce de dominer sa colère :

— On voit quelle éducation tu reçois à la maison ! Et comment, s'il te plaît, appelles-tu alors l'Union soviétique, la R.D.A., la Tchécoslovaquie ?

— Des pays frères, bien sûr...

— Ah ! tout de même... Mais quelle différence fais-tu ?

— Les amis on les choisit, pas la famille...

***

Alexandre le Grand et Napoléon, ressuscités par la médecine soviétique ont été conviés au grand défilé de la Place Rouge.

— Avec une telle armée, murmure Alexandre au passage des chars et des fusées, j'aurais conquis toute l'Asie !

Napoléon, brandissant un exemplaire de la *Pravda* qu'il a sorti de son célèbre gilet toujours entrouvert, s'écrie :

— Avec cela personne ne saurait encore que j'ai perdu l'Europe !

***

Marx avait découvert deux sortes de guerres : les guerres justes et injustes. En 1968 à Prague et en 1979 à Kaboul, Brejnev a découvert une guerre du troisième type : la guerre sur invitation...

***

Quels sont les six commandements de l'écrivain communiste ?

— Ne pense pas ; si vraiment tu dois penser, ne parle pas ; si vraiment tu dois parler, n'écris pas ; si tu dois écrire, ne publie pas ; si vraiment tu dois publier, ne signe pas ; si vraiment tu dois signer, publie aussitôt la réfutation de ce que tu viens de signer...

***

Deux chirurgiens-dentistes, un Américain et un Soviétique se rencontrent.

Le premier dit au second :

— Grâce aux progrès de l'anesthésie et de nos appareillages chirurgicaux nous parvenons à extraire une dent en moins de cinq minutes.

Le Soviétique sourit avec indulgence.

— Nous avons fait beaucoup mieux. Nous extrayons les dents par trépanation.

— Par trépanation ! fait l'Américain stupéfait. Pourquoi une telle extrémité ?

— Que voulez-vous, soupire le Soviétique, quand le patient n'ose pas ouvrir la bouche...

***

Kowalski fait partie d'une équipe de cantonniers qui cassent des cailloux le long d'une route un jour de forte chaleur. Il a accepté de se dévouer et d'aller chercher de la bière fraîche au village le plus proche. Mais il tarde à revenir et les autres, assoiffés, commencent à maudire son retard. Enfin Kowalski paraît, tout rouge, hors d'haleine... et sans la bière.

— Une nouvelle sensationnelle ! hurle-t-il. Les Soviétiques sont dans l'espace !

Les autres qui ont lâché pelles et pioches, s'écrient :

— Tous ?

***

Quel avantage la Pologne a-t-elle retiré de l'invitation faite à l'un de ses ressortissants, Hermaszewski, de prendre part à un vol spatial soviétique ?

— Le même avantage que celui procuré à la race canine par le vol de la petite chienne Laïka...

***

Quel est le Polonais le plus malchanceux ?

— Hermaszewski, le cosmonaute que les Russes ont emmené avec eux dans l'espace : il a fait dix-huit fois le tour de la Terre pour atterrir en U.R.S.S...

***

Le marxisme est-il véritablement une théorie scientifique ?

— Non ; s'il l'était, il aurait d'abord été expérimenté sur les animaux...

***

Le professeur interroge sur la leçon d'économie politique donnée la veille.

— Nowak, donnez-moi la définition du capitalisme, du socialisme et du communisme.

— Le capitalisme, répond Nowak, c'est une pièce obscure où l'on a introduit un chat noir et un homme. Si l'homme attrape le chat, il peut le garder. Le socialisme c'est encore une pièce noire, l'homme cherche le chat sans savoir qu'il n'y a pas de chat. Le communisme c'est toujours la même pièce noire et il n'y a toujours pas de chat ; l'homme cette fois le sait mais il le cherche quand même...

***

La différence entre le capitalisme et le socialisme ?

— Elle tient à leurs erreurs respectives : le capitalisme commet des erreurs sociales, le socialisme des erreurs capitales...

***

Quelle différence y a-t-il pour le consommateur entre le capitalisme et le socialisme ?

— Dans le capitalisme on vend de tout ; dans le socialisme il faut tout acheter...

***

La définition du socialisme :

— Un système qui donne des maux de tête à ceux qui le subissent mais qui leur distribue l'aspirine gratuitement...

***

Quel est le rapport entre les œuvres de Lénine et les scénarios de Hitchcock ?

— Plus on les découvre, plus c'est terrifiant...

***

Au cours d'économie politique, le professeur interroge Kowalski :

— Où en sont arrivés les Etats-Unis ?

— Au bord de la ruine...

— Bonne réponse ; et l'Union soviétique ?

— Elle devrait dépasser sous peu les Etats-Unis...

***

Mitchourine a croisé un hérisson avec un ver à soie. Quel est le résultat ?

— Un fil de fer barbelé...

***

Que donne le croisement d'une fourmi avec un âne ?

— Un stakhanoviste...

***

Le mépris à l'égard des agents du pouvoir en Pologne se porte aussi, tout naturellement, vers les représentants en mission de la Maison mère soviétique. Cette histoire qui le montre est réputée authentique. Elle a pour héros le grand poète Slonimski.

La scène se passe lors d'un congrès des écrivains des pays socialistes qui se déroule à Varsovie. Un auteur soviétique, connu pour son conformisme et sa servilité, se penche vers Slonimski.

— Cher collègue, pardonnez-moi mais où pourrais-je donc satisfaire un petit besoin naturel ?

Slonimski le toise avec mépris et laisse tomber :

— Oh ! vous, vous pouvez tout faire où vous voulez...

***

L'histoire est authentique. Compte tenu de son contexte et des risques pris par son héros, c'est un des joyaux les plus révélateurs de l'ancienneté de l' « amitié polono-soviétique ».

A la veille de la grande offensive de l'automne 1943, Staline a convoqué ses maréchaux. Il a convié également le général Berling, le commandant des forces polonaises qui doivent prendre part à la bataille.

Se tournant vers lui, Staline lui révèle l'objectif assigné à la première armée polonaise : Smolensk.

Berling s'incline avec un léger sourire.

— Nous serons un peu désorientés mais nous ferons pour le mieux, dit-il.

— Désorientés ? fait Staline fronçant les sourcils. Que voulez-vous dire ?

— Que prendre Smolensk, Maréchalissime, n'est pas le problème, répond Berling. Nous, Polonais, l'avons prise plusieurs fois. Mais c'était toujours par l'Ouest...

***

Un groupe de Polonais visite Moscou. Sur la Place Rouge, un Soviétique haletant et ruisselant de sueur s'est arrêté à proximité, posant près de lui deux valises. Un des Polonais lui demande l'heure. Le Soviétique répond avec une précision surprenante à la seconde près après avoir regardé sa montre dont le cadran sophistiqué intrigue le Polonais.

— Cette montre est très perfectionnée, explique le Soviétique. Je puis vous indiquer exactement l'heure à Vladivostok, à New York, à Sydney ou à Buenos Aires. Elle renseigne également sur le temps qu'il fait partout dans le monde. Elle effectue les opérations mathématiques les plus complexes et le calcul logarithmique.

Le Polonais s'émerveille :

— C'est une montre japonaise ?

— Pas du tout, répond l'autre, offensé. C'est un pur produit de la technologie soviétique.

Le Polonais n'y tient plus. Il veut acheter le gadget coûte que coûte. Le Soviétique veut bien vendre mais contre du saucisson. Il en veut 20 kilos, soit le poids des deux valises qu'il transporte. Le Polonais retourne chez ses compatriotes qui, après une longue palabre, acceptent de lui céder les provisions qu'ils ont emmenées pour se livrer, eux aussi, à de fructueuses opérations de troc. On rassemble tous les saucissons disponibles et le Polonais s'en retourne vers le Soviétique.

— Marché conclu, lui dit-il : vous aurez vos saucissons. L'ennui c'est que nous n'avons pas de sacs où les fourrer. Mais vos valises pourront peut-être faire l'affaire ?

— Oh ! si vous me les laissez, moi, je veux bien, répond le Soviétique, mais alors c'est vous qui allez avoir des problèmes. Comment allez-vous emmener votre achat ?

— Mais à mon poignet, bien sûr, répond le Polonais interloqué.

— La montre, oui. Mais les piles ?

***

Ce touriste polonais flâne sur la Place Rouge.

L'hiver a recouvert d'un bon demi-mètre de neige le parvis du Mausolée de Lénine. Dans une sorte de tranchée qui fraye un chemin à travers la place, le Polonais croise un autochtone, passablement éméché, qui s'avance tant bien que mal avec une seule chaussure au pied.

Le Polonais l'interpelle et lui demande :

— Vous avez perdu votre godasse, celle du pied gauche ?

— Non, répond le Soviétique avec un sourire béat, j'en ai trouvé une pour mon pied droit...

***

Un Polonais voyage par le Transsibérien. Le matin du premier jour, il va se laver dans la cabine au bout du couloir. Revenu dans son compartiment, il se rend compte qu'il a oublié sa trousse de toilette. Retournant sur ses pas, il trouve la porte de la cabine fermée. Il frappe et un Soviétique lui ouvre, une brosse à dents à la main.

— Pardonnez-moi, dit le Polonais, j'ai oublié ma trousse... Mais c'est ma brosse à dents que vous utilisez là !

— Oh ! excusez-moi, camarade, j'ai cru que c'était celle des Chemins de fer...

***

— Sais-tu que ce sont les Russes qui les premiers ont inventé la télévision ? dit Kowalski à Nowak, membre du Parti.

— Je sais, répond l'autre ; c'est une grande victoire de la science socialiste...

— De la science peut-être, rétorque Kowalski, mais surtout des services secrets...

— Comment cela ?

— Pour avoir réussi à tenir secrète aussi longtemps une aussi grande découverte...

***

Pourquoi donnons-nous notre charbon aux Soviétiques ?

— Pour les remercier de nous prendre notre blé...

***

Brejnev s'entretient avec Gromyko :

— Carter est très généreux dans ses cadeaux. La

dernière fois qu'il a rencontré Gierek, il lui a offert une montre sertie de diamants.

— De diamants, fait Gromyko, impossible.

— Si tu ne me crois pas, regarde...

***

Quelles sont les dernières volontés d'un porc polonais conduit à l'abattoir ?

— Qu'au moins mes os restent à la mère patrie...

***

Trois capitaines au long cours discutent le coup au bar d'un grand hôtel de Gdynia. Moi, dit le premier, je fais l'Amérique latine ; j'emporte du ciment et du soufre, je ramène du café. Moi, dit le second, je fais le Japon ; j'emmène des machines-outils et je ramène des transistors. Moi, dit le troisième, je fais tous les trois mois l'U.R.S.S. et j'emmène un peu de tout.

— Mais que ramènes-tu ? demandent ses collègues.

— Ma valise et moi. En train...

***

Kowalski, bouillant de colère, s'est précipité au commissariat de Legnica, région où sont stationnées en permanence deux divisions soviétiques.

— Monsieur le commissaire, je viens d'être victime d'un vol : deux soldats suisses m'ont dérobé ma montre soviétique.

— Pardon ? fait le commissaire interloqué.

— Deux soldats suisses m'ont dérobé ma montre

soviétique, martèle Kowalski avec une conviction rageuse.

— C'est sûrement un lapsus, fait le commissaire ennuyé : vous voulez dire que deux soldats soviétiques vous ont dérobé votre montre suisse ?

— Si vous y tenez, réplique Kowalski soudain calmé, mais c'est vous qui l'aurez dit...

***

Pourquoi le blé est-il si souvent couché en Pologne ?

— Il se repose avant un long voyage à l'Est...

***

En 1968 les Tchèques se divisaient en deux groupes : les optimistes et les pessimistes. Les premiers pensaient qu'ils seraient déportés en Sibérie, les seconds qu'ils devraient y aller à pied...

***

Est-il vrai que le rasoir électrique a été découvert par un Soviétique ?

— Oui, par un membre du K.G.B.

— Comment cela ?

— Lors d'une mission secrète à l'ambassade américaine...

***

— Qu'advient-il au kolkhozien au terme de sa rude journée de labeur ?

— Il ressent soudain un froid intense aux mains...

— Aux mains ?
— Il les a retirées de sa poche...

***

Est-il vrai que les Américains ont mis au point les voitures les plus puissantes du monde ?
— C'est vrai, mais les Soviétiques fabriquent les montres les plus rapides...

***

Est-il vrai que les épis de blé en U.R.S.S. poussent comme des poteaux télégraphiques ?
— Oui, la densité à l'hectare est la même...

***

Trois diplomates désœuvrés, un Américain, un Anglais et un Soviétique, bavardent à la buvette des Nations-unies. Pour tuer le temps, ils parient à qui racontera l'histoire la plus incroyable et néanmoins véridique. L'Américain ouvre le feu :
— Un gentleman de Boston, en visite au Canada, était tombé dans les chutes du Niagara ; figurez-vous qu'il s'en est tiré indemne et que son cigare était resté allumé...
— Extraordinaire, concède l'Anglais. Pour ma part, j'ai connu un gentleman du Kent qui a réussi l'exploit de traverser la Manche dans une baignoire...
— Bravo, dit le Soviétique. Mais j'aimerais, moi, vous raconter l'histoire de ce gentleman soviétique...
— Inutile, interrompt aimablement l'Anglais, vous avez gagné...

***

Que se passerait-il si la police politique et les forces anti-émeutes polonaises étaient transférées en U.R.S.S. ?

— Une élévation du niveau culturel des deux pays...

***

Trois journalistes, un Français, un Anglais et un Russe effectuent un reportage dans une république troublée d'Amérique centrale. Opérant dans les rangs des guérilleros, ils tombent aux mains des troupes gouvernementales. Transférés dans la capitale, ils passent devant une cour martiale qui ne connaît qu'un seul verdict : coupable, et une seule sentence : la mort. Toutefois, s'agissant d'étrangers et pour mettre en évidence les traditions d'hospitalité du pays, la Cour a voulu faire un geste : les condamnés auront le choix entre les trois modes d'exécution, à savoir la guillotine, la pendaison et le peloton d'exécution.

Le sort a désigné le Français pour passer le premier de vie à trépas. Patriotisme oblige : il choisit la guillotine.

Mais miracle, le mécanisme s'enraye et le couperet ne tombe pas. Comme le veut l'usage, le condamné aura la vie sauve. Reconduit dans la cellule où se morfondent ses deux compagnons, le Français a le temps de chuchoter à l'Anglais : « La guillotine ne marche pas. » L'Anglais ne se le fait pas dire deux fois et lui aussi bénéficie de la bienheureuse panne. De retour dans la cellule, il peut s'approcher du Russe et lui refiler le tuyau salvateur.

Pourtant lorsque vient son tour de choisir son supplice, le Russe demande le peloton d'exécution. Voyant la stupeur se peindre sur le visage de ses deux compagnons et des gardiens, il explique :

— Nous autres Soviétiques n'aimons pas faire preuve d'individualisme excessif ni compliquer la tâche des autorités ; pour cette raison j'aurais volontiers choisi la guillotine comme mes deux compagnons mais on vient de me dire qu'elle ne marchait pas...

* * *

Kowalski a un oncle en U.R.S.S. Après de nombreuses démarches, il parvient à l'inviter chez lui à Varsovie. Kowalski qui n'a jamais été visiter le grand voisin, presse le vieux monsieur de questions. Il veut tout savoir.

— Explique-moi donc, comment cela marche-t-il là-bas ?

— Ce serait fort long à t'expliquer, soupire l'oncle. Mais je vais te donner un exemple. Leur plus grande page d'Histoire, c'est la Révolution d'Octobre. Tous les ans, ils en célèbrent l'anniversaire en... novembre. Tout le reste est à l'avenant...

* * *

Histoire belge... en Pologne.

Alles aussteigen, bitte (tout le monde descend, s'il vous plaît). L'invitation est pressante : les Vopos (policiers est-allemands) ont pointé leurs mitraillettes dans les dos des huit étudiants belges effarés. L'un d'eux qui parle allemand tente de parlementer ; on lui signifie que s'il insiste il lui en coûtera deux mille marks par minute de retard infligé au train !

Comment résister à une aussi douce persuasion ? Le petit groupe se retrouve quelques instants plus tard, grelottant au milieu de ses bagages, sur le quai de la gare de Görlitz, à la frontière de la Pologne et de la R.D.A., sans bien comprendre ce qui lui arrive. L'explication lui sera fournie à la Kommandantur où les huit jeunes gens sont conduits sans ménagements.

Venant de Zakopane, la fameuse station de sports d'hiver polonaise, les étudiants belges avaient cru pouvoir se procurer leur visa de transit-retour dans le train qui les ramenait chez eux. Supposition logique puisqu'ils avaient acheté de cette manière le transit-aller.

— Grossière erreur, leur explique le capitaine des Vopos, à peine moins revêche que ses soldats. Si vous avez acheté votre visa « aller » dans le train c'est parce que votre pays, la Belgique, n'a pas accepté de nouer des relations diplomatiques que la République Démocratique Allemande, éprise de paix et de détente en Europe, lui propose depuis de nombreuses années. En revanche, la Pologne d'où vous venez, entretient avec la R.D.A. des rapports normaux, fraternels même. Dès lors ce sont les règles usuelles qui s'appliquent et il vous fallait acheter votre transit-retour dans un consulat de R.D.A. en Pologne. Pour votre information, le plus proche se trouve à Wroclaw.

Le petit groupe qui subit cette mercuriale tête basse, entend le cœur serré le sifflement du train qui quitte la gare ; le suivant ne passera que dans vingt-quatre heures... Le capitaine, lui, poursuit sur sa lancée :

— Ce qui vous arrive est désagréable, mais vous n'avez qu'à vous en prendre à la diplomatie de votre pays, inféodée à l'impérialisme américain.

Sur ce thème fertile, le capitaine va broder un bon quart d'heure. Sa harangue se termine abruptement :

— Et maintenant, *zurück nach Polen* (demi-tour vers la Pologne) ; c'est par là.

Le parlant-allemand du groupe risque une timide question :

— Y a-t-il un moyen de transport ?

La réponse claque comme un coup de fouet :

— Vos pieds !

Les huit se regardent stupéfaits ; la distance à parcourir doit être longuette. Depuis le contrôle des passeports polonais, le train a roulé de longues minutes. A l'extérieur de la Kommandantur, c'est la nuit noire et glacée dont le silence est rompu seulement par les aboiements lugubres des chiens de berger, inséparables compagnons des Vopos qui s'en servent pour dépister les candidats à la fuite à l'Ouest qui, parfois, se cachent sous les boggies des trains. L'angoisse a succédé à l'inquiétude et c'est en traînant les pieds que le petit groupe se met en marche, coltinant ses valises lourdes du poids des vêtements d'hiver.

Les huit cheminent sur un sentier qu'ils ont du mal à suivre tant l'obscurité est épaisse ; pas question de s'en écarter car, tout autour, le terrain est miné. De temps à autre, le rayon d'un projecteur juché sur un mirador balaie un espace lunaire auquel les barbelés et les chicanes donnent l'apparence d'un no man's land entre deux armées ennemies qui observeraient un cessez-le-feu précaire. Pour se donner du cœur, les étudiants transis par le gel s'efforcent de plaisanter sur cette frontière entre « alliés » et « frères », tous épris de paix et détente... et qui ressemble à un face à face de la ligne Maginot et de la ligne Siegfried.

Combien de temps les huit ont-ils cheminé dans cette épaisse nuit de fraternité socialiste ? L'auteur de ces lignes a quelque peine à s'en souvenir mais assez longtemps tout de même pour qu'il ait vu poindre avec un soulagement indicible une petite lueur clignotant dans la bise au bout du sentier ; le poste frontière polonais ! Le soulagement pourtant n'est pas sans mélange. Comment, en effet, serons-nous accueillis par ces gardes-frontières-là qui, peut-être, partagent l'aversion des Vopos envers les « capitalistes » ?

De toute manière, nous serons fixés bientôt car le poste n'est plus qu'à quelques minutes. Devant la porte entrebâillée qui laisse échapper un rai de lumière, un homme se tient les bras croisés : c'est le capitaine polonais. Le parlant-allemand du groupe entreprend de lui expliquer notre mésaventure. L'officier écoute sans mot dire les premiers mots, jetant sur notre groupe un regard un peu goguenard. D'un petit geste, il interrompt l'exposé.

— Je sais, j'ai été prévenu, dit-il dans un français hésitant.

Il se tait quelques secondes puis sourit à nouveau avant d'articuler lentement :

— Ils sont souvent comme cela, vous savez ; nous avons l'habitude. Vous aussi en Belgique, n'est-ce pas ? Mais maintenant entrez vite vous réchauffer.

Un peu éberlués par cet accueil inattendu, les huit s'engouffrent dans le poste où des soldats hilares les accueillent à grand renfort de tapes dans le dos cependant que l'un d'eux remplit prestement des verres de thé bouillant et de vodka. Le capitaine, lui, est parti téléphoner ; pour nous commander un véhicule, précisera-t-il quelques instants plus tard ; un véhicule qui nous emmènera à Zgorzelec, la ville polonaise qui fait face à Görlitz et où il nous a réservé des chambres à l'hôtel.

Lorsque arrive la camionnette requise pour notre service, nous remercions le capitaine avec une effusion lyrique. Une fois encore, il nous fait taire :

— Ce n'est rien, je vous l'ai dit, ils sont souvent comme cela, très souvent.

Le même petit sourire narquois était réapparu sur ses lèvres.

A l'arrivée à l'hôtel, deux autres surprises agréables ménagées par cet homme charmant nous attendaient. D'abord un repas chaud préparé sur sa demande et malgré l'heure tardive, ensuite un groupe de francophones de la localité venus nous fixer rendez-vous pour le lendemain afin, en évoquant autour d'une bonne bouteille leur bon vieux temps en France et en Belgique, de nous aider à tuer le temps que mettrait notre parlant-allemand pour aller quérir à Wroclaw les précieux visas est-allemands...

Ce qui fut dit fut fait ; avec toute la chaleur et l'amitié imaginables. Fait et dûment arrosé, il va sans dire. Arrosé au point de ne nous avoir laissé de Zgorzelec qu'un souvenir un peu... brumeux. Mais d'autant plus ému et reconnaissant.

(Claude de GROULART)

***

Brejnev s'est fait conduire sur un des chantiers du gazoduc qui doit relier la Sibérie à l'Europe occidentale. C'est une gigantesque entreprise pour laquelle les prisonniers du goulag ont été largement mis à contribution.

Brejnev s'est arrêté devant un groupe qui manie avec ardeur pelles et pioches.

— Salut, camarades marins, lance-t-il d'une voix chevrotante.

Le groupe reste plongé dans un morne silence. Dans l'entourage du dirigeant, on échange des regards inquiets.

— Salut, camarades marins, reprend Brejnev d'une voix plus forte.

Seul lui répond l'écho de sa propre voix. Son secrétaire alors s'approche et lui glisse doucement :

— Camarade, sur le gilet des marins, les rayures sont horizontales...

***

Le capitaine Grigoriev, de la garde du Kremlin, a passé la tête par la porte entrebâillée de Brejnev :

— Camarade, fait-il un peu gêné, pardonnez-moi de vous importuner mais dix personnes assises par terre mangent du riz sur la Place Rouge et curieusement...

— Grigoriev, s'écrie Brejnev agacé, je vous ai déjà dit de ne pas m'importuner avec des queues de cerises ! Laissez-moi, j'ai à faire.

Une demi-heure plus tard, Grigoriev reparaît :

— Je suis confus, camarade Premier Secrétaire, mais cette fois, il y a mille personnes assises par terre qui...

— Grigoriev, pour la deuxième fois, foutez-moi la

paix. Je vous l'ai déjà dit : nous avons décidé de nous montrer indulgents envers les touristes.

Brejnev, furieux, s'est levé pour aller reclaquer la porte de son bureau.

Une demi-heure plus tard, on frappe. C'est encore Grigoriev.

— Je suis absolument désolé, bredouille-t-il, mais cette fois ils sont dix mille au moins et curieusement...

— Eh bien, nous sommes en plein mois de juillet, Grigoriev, explique Brejnev, fatigué de se fâcher. Qu'y a-t-il de tellement surprenant à ce que des milliers de personnes, fatiguées et qui ne trouvent pas de banc, s'assoient par terre et mangent le riz qu'elles ont apporté...

— Mais avec des baguettes, camarade Premier Secrétaire, interrompt Grigoriev ; avec des baguettes...

***

Mme Kowalski est allée acheter du thé.

— Du chinois ou du russe ? lui demande la vendeuse.

— Réflexion faite, donnez-moi du café...

***

— Lorsque les Jeux Olympiques se dérouleront à nouveau à Moscou, y verra-t-on des athlètes chinois ?

— Exclusivement...

***

A Vienne, Brejnev a rencontré Carter pour signer avec lui le traité SALT II. Le matin du premier jour de la conférence, Brejnev, narquois, s'approche de son homologue.

— J'ai fait cette nuit un rêve bien intéressant, lui dit-il.

— Ah bon ?

— J'ai rêvé qu'un drapeau rouge flottait sur la Maison-Blanche et que sur votre balcon était accrochée l'inscription : « Prolétaires de tous les pays, unissez-vous. »

— Tiens, comme c'est étrange, répond l'Américain ; il y a quelques jours j'ai moi-même rêvé. Sur le toit du Kremlin flottait...

— Un drapeau américain sans doute, interrompt Brejnev goguenard.

— Non, fait Carter rêveusement, il me semble bien que le drapeau était rouge...

— Tout de même ! ricane Brejnev ; mais sans doute y avait-il une inscription du genre : « Enrichissez-vous » ou encore « Laissez faire, laissez passer » ?

— Peut-être bien la seconde, murmure Carter avec l'air appliqué de celui qui fouille sa mémoire. Mais je ne saurais être formel : ma connaissance du chinois laisse fort à désirer...

***

Nous sommes en l'an deux mille et quelques. Kowalski a regardé le journal télévisé. Il est sorti ensuite prendre le frais et croise Nowak.

— As-tu entendu les informations ?

— Non.

— Ils ont annoncé une bonne nouvelle.

— C'est pas trop tôt ; laquelle ?
— Walesa part pour la Chine...
— Et alors ? La belle affaire !
— Signer notre accord frontalier...

***

Marx avait une longue barbe ; celle d'Engels était plus courte. Lénine ne portait qu'une barbichette. Staline n'avait plus de barbe mais seulement des moustaches. Brejnev n'offre à la vue que d'épais sourcils. Quel sera le système pileux du suivant ?
— Une natte...

***

Kowalski a jeté sa ligne dans la rivière aux fées et il a pêché le petit poisson d'or. Le ciel alors s'est entrouvert et une fée lui est apparue.
— Kowalski, dit-elle, tu peux formuler trois vœux et je les exaucerai.
Emerveillé, Kowalski réfléchit une seconde et dit :
— Mon premier vœu est que tous les Chinois viennent à pied jusqu'à Térespol (ville polonaise située à la frontière avec l'U.R.S.S.) et qu'ils s'en retournent de même.
— Bien, fait la fée ; et ton deuxième vœu, quel est-il ?
— Que les Chinois, tous les Chinois et toutes les Chinoises viennent à pied jusqu'à Térespol et s'en retournent de même.
— Soit, répond la fée surprise, mais alors ton troisième vœu ?
— Que vraiment tous les Chinois, toutes les Chinoises, adultes, vieillards, enfants, nouveau-nés

„HERODY"

Noël 1982 - Les Rois Mages.

Les maîtres de la Russie se partageant la Pologne.

La Grande Catherine Nicolas Ier et Staline s'adressant à Brejnev :

– Heureusement qu'en Pologne on trouve toujours des vrais patriotes!!

«Dialogue entre Polonais»

– Le téléphone est coupé!

– Silence là-dedans!

Le corbeau (wrona en polonais – nom que la population a donné au régime militaire), aux moineaux :

— Il est interdit de pépier!

— Le Parti ouvrier unifié polonais est toujours bien vivant et bien entouré.

L 'homme. bardé de fer.

Pour amadouer les Polo
nais, Jaruzelski réintrodui
en même temps que l'éta
de guerre, la casquett
carrée traditionnelle.
— Avant de passer à l'autre
on prend ce modèle

Jaruzelski, grand chef de guerre (les silhouettes sur le char représentent les 7 mineurs de la mine «Wujek» assassinés sur ses ordres le 16 décembre 1981).

Inscription sur un mur due à l'opposition «La TV ment» que la police badigeonne:

— Ah, bon. Ça veut dire que maintenant elle ne ment plus?

La muse du général.

Un maillon solide de la chaîne.

– On dirait que nous sommes enfin de nouveau crédibles.

Du cycle: Dialogue entre Polonais.

Un air bien de chez nous.

Galerie des grands chefs militaires : Nelson, Koutouzov, Dayan, Jaruzelski.

– Nous comptons beaucoup sur la majorité silencieuse.

L'avant-garde du renouveau.

viennent à pied jusqu'à Térespol et s'en retournent de même.

— Mais enfin Kowalski, je t'ai promis d'exaucer trois vœux, pourquoi n'en as-tu formulé qu'un seul ?

— Sans doute, sans doute, fait l'autre, l'œil pétillant de malice. Mais que pensez-vous qu'il reste là où plus de huit cents millions de Chinois sont passés six fois ?

***

Qu'est-ce qui rapproche Tito d'un ballon de football ?

— Les Russes ont commencé par le gonfler ; puis ils ont donné un grand coup de pied dedans et maintenant ils courent derrière...

***

On parle beaucoup d'une entente secrète entre les deux Allemagnes malgré leur appartenance à des blocs antagonistes. Est-ce vrai ?

— Oui. Ainsi par exemple la R.D.A. a gardé Marx et la R.F.A. a pris le Capital...

***

Cette vieille paysanne a décidé de se faire reconnaître comme résistante authentique de la dernière guerre. Elle écrit au Z.B.O.W.I.D. (Association des Anciens Combattants) qui la convoque pour enquête.

— Hiver comme été, qu'il pleuve qu'il vente, raconte la vieille, j'ai aidé les partisans de la région de Kielce en leur apportant tout le ravitaillement dont je pouvais disposer et en n'hésitant pas pour cela à m'infliger les plus grandes privations.

— Voilà qui est méritoire ! fait l'un des enquêteurs. Mais s'agissait-il de partisans communistes ou de ceux de l'Armée de l'intérieur ?

La paysanne hésite un moment :

— Des communistes sûrement car ils étaient très polis ; ils me disaient toujours : *Danke schön, Danke schön.*

— Mais vous avez ravitaillé des Allemands ! s'écrient les communistes scandalisés.

— Peut-être, rétorque vivement la vieille, mais ils venaient sûrement d'Allemagne de l'Est...

***

La guerre russo-chinoise a éclaté.

Le premier jour, les Soviétiques font un million de prisonniers chinois ; le deuxième jour, dix millions ; le troisième jour, cent millions. Qu'arrivera-t-il le quatrième jour ?

— La reddition de l'Union soviétique.

CHAPITRE II

Un stalinisme « mou »

La Pologne socialiste va donc s'édifier en 1945 sur des monceaux de ruines. Malgré l'emprise soviétique déjà sensible, malgré tous les griefs et tous les ressentiments rappelés plus haut, nombre de Polonais acceptent de faire au moins un bout de chemin avec le nouveau régime. Beaucoup de facteurs expliquent cette réaction : le soulagement d'avoir survécu, l'ampleur des destructions qui dissuade de faire la fine bouche devant l'autorité quelle qu'elle soit, le sentiment d'impuissance devant la coupure de l'Europe en deux, l'animosité envers l'Allemagne qui, à ce moment égale ou même surpasse l'atavisme anti-russe, et enfin l'espoir que l'écrasement du Reich suivi de l'instauration en Pologne d'un régime cautionné par l'U.R.S.S. aura au moins l'avantage d'éviter le retour de la guerre...

Il faut encore mentionner l'ignorance où se trouve alors une partie de la population du caractère concentrationnaire de la Russie stalinienne ainsi qu'un certain nombre de mesures qui, dans un premier temps, revêtent une orientation indéniablement progressiste, telle la distribution des terres des grands propriétaires aux paysans ou les nationalisations d'entreprises. La Pologne d'avant-guerre, que d'aucuns idéaliseront quelque peu par la suite, était, ne l'oublions pas, un Etat fort pauvre où l'oligarchie foncière et le capital industriel étranger tenaient le haut du pavé...

Sans doute l'idéologie communiste proprement dite compte-t-elle très peu d'adeptes. Relativement peu nombreuse au déclenchement de la guerre, la classe ouvrière paye un lourd tribut à celle-ci ; ses cadres politisés, notamment ont été décimés. Et pas seulement par Hitler ; Staline lui aussi a « épuré » à plusieurs reprises le Parti polonais en exil dont il se méfie plus que d'autres. En revanche, il est vrai que plusieurs dizaines de milliers de Polonais sont revenus de l'Ouest pour participer à la reconstruction de la mère patrie ; les uns par patriotisme, les autres par choix politique.

Il n'en reste pas moins que le régime, s'il peut compter sur une adhésion passive de la masse, dispose d'une « base » tragiquement restreinte. C'est là une hypothèque qui pèsera toujours sur ses épaules. Cet état de choses, explicable au début par le passé proche et lointain, s'accentuera plus tard en raison des erreurs que le régime commettra, voire de ses crimes. Mais nous sommes ici en présence d'un cercle vicieux car ces erreurs elles-mêmes sont pour partie imputables à un isolement qui contraindra le pouvoir à s'appuyer presque toujours sur des éléments médiocres et opportunistes, aux convictions faibles ou inexistantes et motivés seulement par l'appât d'un statut privilégié de « nomenklaturiste ». Son caractère de satellite de l'U.R.S.S., son anti-catholicisme militant du début éloigneront du « système » la masse de l'intelligentsia catholique qui, jusqu'à aujourd'hui, bien qu'avec des nuances, se comporte comme une « exilée de l'intérieur ».

De même le régime échouera à intéresser matériellement un grand nombre de ceux dont le concours lui serait nécessaire. La faute en incombe à sa gestion économique marquée au coin d'une incompétence insigne. La gabegie économique non seulement la discréditera mais provoquera la naissance d'une mentalité égoïste et profiteuse à l'enseigne du « chacun pour soi et après moi le déluge » qui, partie d'en haut, se répandra dans de larges couches de la population, ancrant le recours aux combines et aux passe-droits.

Pour l'heure, en 1945, cet isolement contraint les communistes à la prudence. Une transition est nécessaire avant la mise en place définitive de leur pouvoir. Cette transition, Staline l'a, du reste, prévue pour l'ensemble des pays satellites. Il s'agit tout à la fois de grignoter progressivement les forces hostiles et de ménager tant soit peu les Alliés anglo-saxons qui assistent, alarmés, au « dépassement » par Staline des accords de Yalta, déjà plus que généreux à son endroit.

Le premier grand coup de barre totalitaire est donné en 1946 avec le plébiscite des « trois fois oui ». Le parti communiste invite la population à répondre « oui » à trois questions : « Acceptez-vous les nouvelles frontières de la Pologne ? » ; « Etes-vous favorables à la nationalisation des entreprises ? » et « Etes-vous partisans de l'abolition du Sénat ? » L'opposition démocratique préconise elle aussi de répondre « oui » aux deux premières questions mais « non » à la troisième car le Sénat est son dernier bastion.

Tout indique que le parti communiste doit perdre

le référendum. Pourtant il le « gagnera » par une marge plus que confortable : 65 % de « oui ». Staline à Yalta en a fourni l'explication, en quelque sorte anticipée. A Roosevelt qui lui demandait, non sans naïveté, qui contrôlerait la régularité des élections libres en Pologne, le Petit Père des Peuples avait répondu en toute candeur lui aussi : « L'Armée rouge, naturellement ». Ainsi en fut-il... et en serait-il maintes fois par la suite jusqu'à aujourd'hui.

Deux ans plus tard une autre étape cruciale est franchie lorsque le Parti communiste avale son « frère » socialiste. Plus pudiquement, les deux partis fusionnent pour créer le P.O.U.P., Parti Ouvrier Unifié Polonais (en polonais P.Z.P.R.). Et déjà une boutade naît qui parle d'un parti très peu ouvrier, encore moins unifié et pas du tout polonais...

Aussi bien, à présent Staline est pressé car une menace se dessine : celle du Plan Marshall. Déjà la Tchécoslovaquie a fait mine de l'accepter ; elle en a été « dissuadée » par le « coup de Prague » de février 1948 qui fait basculer complètement le pays dans l'orbite du Kremlin. Mais la Pologne pourtant déjà bien ancrée dans le bloc, manifeste elle aussi le désir de bénéficier de la manne américaine. Tel est même le désir explicite du Premier Secrétaire du P.C. qui se nomme Wladyslaw Gomulka.

La réaction de Staline, là aussi, ne se fera pas attendre. La fusion P.C.-P.S. permettra d'éliminer Gomulka et de nommer à la tête du Parti unifié un parfait homme lige de Moscou : Boleslaw Bierut, personnage obscur et sans envergure dont le seul « mérite » est d'avoir servi d'indicateur à l'Armée rouge après septembre 1939 dans la région de Bialystok... Quant à Gomulka, il sera par la suite successivement démis de ses fonctions ministérielles, mis en résidence surveillée et emprisonné.

Cet épisode inaugure la période la plus sombre de l'ère stalinienne ; elle ira de 1949 à 1956. Durant cette période, la Pologne connaîtra le destin des pays voisins. Elle vivra le temps de la peur, des arrestations arbitraires, des dénonciations anonymes, des mouchards. Le temps aussi de l'idolâtrie de Staline, du socialisme volontariste et ouvriériste que décrira génialement Wajda dans *l'Homme de marbre.*

La terre qui avait été donnée aux paysans et que Gomulka voulait leur conserver leur sera confisquée pour créer des kolkhozes sur le modèle du « grand voisin ». Comme partout, il en résultera une chute catastrophique de la production et de graves tensions sociales. La campagne anti-religieuse prend son plein essor avec l'internement du cardinal primat Wyszynski.

C'est la nuit noire. Elle sera pourtant moins épaisse qu'ailleurs en raison de la relative faiblesse du régime consécutive à son isolement décrit plus haut. Ainsi si l'on emprisonne comme chez les voisins, on tue en revanche beaucoup moins en Pologne. L'existence de guérillas armées anti-communistes, qui opéreront jusqu'en 1951, met le régime sur la défensive et le contraint de restreindre ses cibles. Ainsi, peu de procès seront-ils intentés, comme à Prague ou à Budapest aux « déviationnistes » ; la répression se concentrera sur les patriotes non communistes, tels les militaires de l'ancienne armée et ceux qui avaient servi dans l'Armée de l'intérieur de Komorowski, voire dans les forces occidentales. Dix-huit colonels seront ainsi passés par les armes, Gomulka les réhabilitera après 1956...

Gomulka lui-même bénéficiera de cette relative

sourdine mise à la terreur. Le régime de Bierut qui se sent trop faible pour se lancer dans une telle entreprise, résiste aux pressions de Moscou qui exige le procès de l'ancien Premier Secrétaire à l'instar de ceux intentés à ses pareils : Stansky à Prague, Rajk à Budapest et Kostov à Sofia. Plus exactement le procès sera retardé sans cesse jusqu'à ce que la déstalinisation le rende impossible. De même, le régime n'ose jeter au cachot le Cardinal Primat...

Son isolement, qui s'accroît encore avec le recours à la terreur, conduit le communisme polonais à s'assurer le concours de personnalités et de groupes qui ont en commun d'être soit exécrés, soit suspects aux yeux de la population. Nombre d'opportunistes, nous l'avons dit, truffent ses rangs, au départ. S'y ajouteront vite d'anciens membres des partis d'extrême droite d'avant-guerre (sur lesquels le régime a toute prise puisqu'il peut les jeter en prison au moindre rappel de leur passé (1)) ou d'aristocrates restés au pays à toutes fins utiles (on leur offre outre la vie sauve, la liberté et le retour à un certain train de vie en échange de la caution qu'ils représentent), ou encore des juifs.

Le cas de ces derniers mérite une explication, ne serait-ce qu'en raison du fumet que dégagent certaines de nos histoires (2), fumet sans nul doute équivoque aux narines occidentales. Précisons d'emblée que les juifs placés par Bierut aux postes de commande ne sont nullement représentatifs de la majo-

(1) La plus frappante illustration en est le mouvement « P.A.X. » : organisation suscitée par le régime, P.A.X. qui se déclare d'obédience catholique entend favoriser la coexistence des croyants et des non-croyants. Sa direction fut confiée au chef de l'ancien parti des « Phalanges nationales ».

(2) Que nous n'avons reproduites qu'à titre strictement documentaire.

rité des quelques dizaines de milliers de leurs coreligionnaires, qui en Pologne, ont échappé à l'holocauste nazi.

Il s'agit d'une grosse poignée de militants revenus d'U.R.S.S. (1) où ils ont survécu aux purges staliniennes. Ce sont des hommes liges qui seront plus que d'autres liés pieds et poings au régime qui les emploie et qui spécule diaboliquement sur leur appartenance, tantôt pour en faire des bourreaux, tantôt des boucs émissaires quand la cote d'alerte de l'impopularité est atteinte pour le système.

Cette stratégie du « juif expiatoire » n'était possible, il est vrai, qu'en raison de l'antisémitisme qui, en Pologne, préexistait au régime. Ce sujet à lui seul vaut un livre. Disons ici que si la Pologne fut durant des siècles un havre de tolérances religieuse, philosophique et politique, il n'en fut plus de même après les Partages. Le pays se ferme alors sur lui-même et s'ancre dans un catholicisme de combat qui l'aide certes à maintenir sa cohésion mais développe de fâcheuses tendances à l'intolérance. Les tsars, enclins comme tous les despotes à jouer le « diviser pour régner », amèneront en Pologne plus d'un million de juifs ukrainiens qu'ils achèveront de dresser contre la population par certaines « facéties » humiliantes, comme celles consistant à débaptiser de force tel ou tel obscur fripier israélite ainsi « importé » pour lui donner le nom d'une illustre famille princière polonaise : Potocki, Radziwil, etc. A la veille de la Deuxième Guerre mondiale, les juifs représentent dix pour cent de la population et vivent souvent en communautés fermées qui, en raison de

(1) Le P.C. polonais d'avant-guerre comportait comme beaucoup de ses homologues européens un fort pourcentage d'israélites.

leur densité et de leur mode de vie particulier, s'intègrent peu ou mal à la population locale. A l'opposé, la couche supérieure est spécialisée dans le commerce de l'argent. Elle a, de ce fait, partie liée avec le capital industriel étranger, allemand surtout, lui aussi impopulaire ainsi que le montre excellemment le film de Wajda : *Terre promise,* à l'odeur quelquefois équivoque lui aussi, s'agissant de juifs.

Ces données complexes expliquent le peu de soutien qui sera fourni par les maquis polonais à la résistance juive et notamment aux martyrs du ghetto. En revanche, c'est l'action efficace de l'Eglise qui permettra tout de même de sauver un certain nombre d'israélites, cent mille environ, principalement des enfants.

Mais revenons au stalinisme. Il s'emploiera à discréditer encore un peu plus les juifs en même temps qu'à se noircir lui-même davantage en les faisant apparaître comme les instruments privilégiés d'un régime détesté. C'est ainsi que des juifs dirigeront un moment l'armée et la police, l'économie, l'appareil de propagande... et le journal du parti *Trybuna Ludu.*

C'est Solidarité — et ce n'est pas le moindre de ses mérites —, qui stigmatisera publiquement ces agissements avec tout le mépris qu'ils méritent et qui scellera la réconciliation des Polonais juifs et non juifs en organisant « sa » cérémonie commémorative de l'insurrection du ghetto — parallèlement à celle du pouvoir —, et en obtenant du pape qu'il se rende lors de son deuxième voyage sur les lieux de cette tragédie pour s'y recueillir.

Tel est donc, sous le règne de Staline et dans les années qui suivent immédiatement sa mort, le visage de la Pologne. C'est celui d'un totalitarisme « mou » (par comparaison avec les voisins, s'entend) qui ne pouvant tout à fait s'imposer par la terreur y ajoute la manipulation des pulsions collectives les plus malsaines et le recours aux individus les plus douteux. C'est la réaction à ce stalinisme sans aveu qui est illustrée par les anecdotes qui suivent.

Elles font bien sûr une large place à la peur ambiante — qu'elles tentent d'exorciser par le rire —, et à la haine de ceux qui en sont la cause. Elles évoquent aussi le dépeçage territorial dont la Pologne a été l'objet, la nostalgie des terres perdues à l'Est et celle de la souveraineté nationale révolue. L'on voit poindre également les difficultés d'existence, le pillage par le grand frère ainsi que le caractère artificiel d'un régime plaqué sur un pays qui le récuse.

***

Bierut désireux d'évaluer personnellement sa popularité a décidé de mener seul et incognito une enquête dans Varsovie. Il aborde un quidam qui depuis plusieurs minutes attend l'autobus.

— Camarade, si l'on vous demandait de faire des heures supplémentaires pour répondre à l'appel du camarade Bierut, l'accepteriez-vous de bon cœur ?

— Mais c'est déjà le cas, camarade, répond le quidam aimablement. Depuis l'arrivée au pouvoir du camarade Bierut il ne se passe guère de jour sans que j'aie à faire des heures supplémentaires pour son compte. Mais je ne m'en plains pas : elles sont très convenablement payées.

— Ah ! vous êtes sans doute dans la milice, dit

Bierut déçu de ne pas être tombé sur un Polonais « représentatif ».

— Nullement, je suis fossoyeur...

***

Bierut est malencontreusement tombé d'un pont sur la Vistule. Trois jeunes gens, passant à proximité, ont plongé courageusement et ramené sain et sauf le Premier Secrétaire.

Le lendemain, Bierut convoque ses sauveteurs pour leur manifester sa reconnaissance.

— Formulez chacun un vœu, leur dit-il et, quel qu'il soit, je l'exaucerai.

— Moi, dit le premier, je n'ai besoin que d'un vélo.

Bierut jette un regard à son secrétaire qui prend note.

— Et toi ? demande-t-il au second.

— Eh bien, moi, je vis dans un deux pièces-cuisine un peu étroit et...

— Tu disposeras désormais d'un logement spacieux, fait Bierut qui se tourne vers le troisième.

— Moi, dit ce dernier, je voudrais des funérailles catholiques et solennelles.

Bierut fait la grimace :

— Les deux choses ne sont plus guère compatibles aujourd'hui, mais enfin, ce qui est promis est promis : nous ferons une exception pour te donner satisfaction. Cela dit, tu es tout de même un peu jeune pour songer déjà à tes funérailles...

— Oh que non ! Quand mes copains auront lu les journaux...

***

Bierut a décidé qu'un timbre serait imprimé à son effigie. Peu de temps après, il convoque le ministre des P.T.T. pour s'enquérir du succès du timbre dans la population. Le ministre le rassure : le timbre, dit-il, connaît un succès considérable.

— Mais a-t-il au moins été fabriqué correctement ? s'inquiète le Premier Secrétaire. Peut-on le coller aisément sur les enveloppes ?

— A vrai dire, fait le ministre un peu mal à l'aise, c'est le seul point noir ; depuis son lancement, nous retrouvons beaucoup de courrier dont visiblement le timbre s'est décollé...

— Je vous avais pourtant demandé d'y veiller personnellement, s'irrite Bierut.

— Mais mes services n'y sont pour rien, réplique vivement le ministre. C'est la faute des utilisateurs.

— Comment cela ?

— Ils crachent du mauvais côté...

***

Staline vient de rejoindre Lénine dans le Mausolée de la Place Rouge. Quelques jours plus tard, à la nuit tombée, un bruit mystérieux se fait entendre.

Lénine se retourne en maugréant.

— Sans doute de la visite pour toi, grogne-t-il à l'adresse de Staline ; moi il y a trop longtemps que j'ai décroché. J'ai encore des admirateurs, certes, mais plus de relations encore en vie.

— Je suis sincèrement désolé, soupire Staline ; je croyais vraiment avoir fait tout le nécessaire moi aussi, avant de venir ici, pour ne plus avoir de relations encore en vie...

***

Quand Staline sera mort et que son âme sera en enfer, que se passera-t-il ?

— Rien pendant les deux premiers jours. Au troisième jour, Satan ira frapper à la porte de saint Pierre.

— De saint Pierre, pour quoi faire ?

— Demander l'asile politique...

***

Pourquoi le Russe Rokossovsky a-t-il été nommé maréchal dans l'armée polonaise ?

— Par mesure d'économie : il est apparu moins cher de faire endosser l'uniforme polonais à un seul officier supérieur russe que de faire revêtir l'uni forme russe à toute l'armée polonaise...

***

La scène se passe dans une école de Lwow, ville tout récemment annexée à l'Union soviétique. L'instituteur chargé du cours d'éducation civique interroge Tomek.

— Quel est notre père à tous ?

— Le camarade Staline.

— Et notre mère ?

— La grande Union soviétique.

— Très bien. Et quel est notre plus cher désir à tous ?

— Etre orphelins...

***

Cette jeune serveuse de restaurant s'est embrouillée dans ses commandes.

— Qui a demandé les œufs à la russe ? crie-t-elle plusieurs fois à la cantonade.

Un monsieur âgé, portant beau, très « vieille Pologne » s'est levé et se dirige vers la jeune fille qu'il salue galamment.

— Si vous le permettez, mademoiselle, ces œufs-là viennent tout seuls sans qu'on les commande. Croyez-en ma vieille expérience : j'en ai souvent mangé...

***

Cinq détenus conversent durant la promenade. Le premier interroge les quatre autres.

— A quelle peine t'ont-ils condamné ? demande-t-il au second.

— A vingt ans : pour crime contre l'Etat...

— Et toi ? demande-t-il au troisième.

— Dix ans pour espionnage.

— Et toi ? dit-il en se tournant vers le quatrième.

— A cinq ans ; pour marché noir...

— J'ai écopé de cinq ans moi aussi, fait le cinquième. Et pourtant, je vous l'assure, je n'ai rien fait.

— Alors c'est une erreur judiciaire, fait le questionneur. Pour rien, le tarif c'est trois ans.

***

Kowalski vient d'être jeté en prison. Des heures durant, il tambourine à la porte de sa cellule en hurlant :

— Je veux mon avocat, mon avocat !

Quelques heures après la porte s'ouvre enfin et les gardiens poussent à l'intérieur un homme menottes aux mains qui s'affale sur la paillasse où s'est assis Kowalski, à présent prostré et abattu. De longues minutes s'écoulent en silence. Kowalski enfin conscient de la présence d'un compagnon l'interroge d'une voix éteinte :

— Et toi, qu'as-tu fait ?

— Rien, imbécile, je suis ton avocat...

***

Deux détenus conversent à la promenade.

— Qu'est-ce qui t'a amené ici ? demande le premier au second.

— La paresse, répond l'autre avec un soupir.

— La paresse ? En régime socialiste, cela n'a jamais été un délit...

— Dans mon cas : si. Je discutais avec un de mes meilleurs copains. On s'est mis à boire et à parler politique. Je voulais aller le dénoncer dès le lendemain matin mais...

— Et alors, tu ne l'as pas fait ?

— Si, mais il s'est réveillé le premier...

***

Le procureur a rejoint quelques-uns de ses pairs dans la salle des pas perdus du palais de justice de Varsovie. Il est encore sous le coup d'une formidable hilarité. On le presse de s'expliquer.

— Je viens d'entendre la blague politique la plus savoureuse qui ait jamais été inventée, parvient-il à articuler entre deux hoquets provoqués par le rire.

— Raconte-la donc !

— Impossible, fait l'autre qui se tient toujours les côtes.

— Mais si, voyons, insistent les autres.
— Vous êtes fous : je viens de coller trois ans au type de qui je l'ai entendue...

***

La poule, le mouton et le chien se sont rendus chacun à leur tour dans le passé en Union soviétique. Ils confrontent leurs expériences.
— Moi, dit la poule, je suis revenue au bout de quinze jours. Ils ne donnent rien à manger et les normes du plan prévoient jusqu'à deux œufs par jour.
— Moi, dit le mouton, j'ai tenu le coup un mois. Ils ne donnent rien à manger et ils tondent deux fois la semaine.
— Moi, je suis resté beaucoup plus longtemps, murmure le chien.
— Quoi, tu te plaisais ?
— Non, mais j'avais aboyé : j'en ai pris pour cinq ans...

***

Quel est l'immeuble le plus haut d'U.R.S.S. ?
— Celui de la Loubianka, siège du K.G.B. : du dernier étage, on peut voir toute la Sibérie...

***

Adam et son jeune frère Stanislas ont perdu leurs parents tués lors de l'insurrection de Varsovie en août 1944. Peu avant l'installation définitive du communisme en 1947, Adam est passé à l'Ouest.

Après plusieurs années son frère réussit à lui envoyer une lettre :

Je suis très heureux, écrit Stanislas, *vraiment très heureux. Les Polonais sont d'ailleurs tous très heureux ; peut-être pas aussi heureux que papa et maman, mais presque...*

***

Kowalski, le visage sans expression, a pris place silencieusement dans le box des accusés. Soudain une lueur d'effroi passe dans son regard fatigué, il se penche précipitamment vers son avocat :

— Maître, vite, aidez-moi.

— Allons, calmez-vous, fait l'avocat. Je vous l'ai dit et répété, vous n'avez rien à craindre : vous avouez tout et vous aurez la vie sauve.

— Mais justement, c'est à propos de mes aveux. J'ai un trou de mémoire. J'ai oublié si j'étais de la première brigade de l'Armée Anders, ou bien du Deuxième Bureau, de la Troisième Force, de la Quatrième Internationale ou de la Cinquième colonne...

***

Dupont a été nommé représentant à Varsovie d'une firme française. Il a convenu avec ses parents et sa direction que toutes les lettres qu'il écrirait à l'encre verte signifieraient, en réalité, l'inverse de ce qu'elles diraient. La première lettre de Dupont est écrite à l'encre ordinaire. Malgré cela, elle ne tarit pas d'éloges sur la Pologne et le communisme. *Tout ici,* écrit Dupont, *respire la détente et la joie de vivre ; contrairement à ce qui se dit chez nous, la présence policière est quasi nulle. Les gens s'expriment librement. Les automobiles sont nombreuses ; la situation économique est excellente et l'on trouve de tout. Je n'ai noté qu'une seule pénurie, à vrai dire de peu d'importance : impossible de trouver de l'encre verte...*

***

Kowalski à Nowak :

— Est-il vrai qu'il y a des prisonniers politiques en Pologne ?

— C'est faux, archifaux, chuchote Nowak.

— Tu en es sûr, j'ai pourtant entendu...

— C'est faux, je te dis, et maintenant arrête de raconter des conneries sinon il va y en avoir deux de plus !

***

Que faut-il faire quand le vent souffle de l'Est ?

— Le prendre ; il vous pousse vers l'Ouest.

***

Kowalski est effondré ; il vient de rater son examen d'entrée au Parti. Il rencontre Nowak qui lui a réussi l'épreuve et tente de consoler son ami malchanceux.

— Mais enfin, sur quelle question as-tu achoppé ?

— Ben, fait l'autre, ils m'ont d'abord demandé de dire quelle sorte d'Etat était la Pologne depuis 1945.

— Et qu'as-tu répondu ?

— Une démocratie populaire.

— Excellent, et ensuite ?

— Ensuite, cela s'est gâté ; ils m'ont demandé quelle sorte d'Etat était la Pologne d'avant-guerre.

— Et tu as répondu ?

— Un Etat indépendant...

***

Question de Radio-Erivan :

« Est-il vrai, comme l'affirment les autorités polonaises, que le cardinal primat Wyszynski était prêt à céder un tiers de la Pologne aux revanchards allemands ? »

Réponse :

— C'est vrai. Mais à quelques détails près. L'intéressé n'était pas prêt à le faire : il l'a fait. En fait, il ne s'agit pas du cardinal qui est un Polonais, mais du procureur Vychinski, un Soviétique.

L'affaire ne portait pas sur un tiers, mais sur la moitié de la Pologne. Vychinski n'a pas cédé ces territoires, il les a pris. Il ne l'a pas fait pour le compte des revanchards allemands mais pour celui de l'U.R.S.S. Pour le reste, l'affirmation est rigoureusement exacte...

***

Les populations montagnardes des Tatras (au sud de la Pologne) sont célèbres à plus d'un titre, notamment par leurs traditions folkloriques restées très vivaces ainsi que par leur dialecte particulièrement savoureux qui fait la joie des autres Polonais. Leur robuste bon sens paysan en a fait le sujet de nombreuses blagues. Celle-ci fait allusion à leur foi religieuse plus intense encore qu'ailleurs en Pologne.

Janko a décidé après mûre réflexion d'adhérer au

Parti. Mais la cellule locale fait grise mine. Janko est en effet réputé pour son assistance très régulière à la messe. On lui en fait aigrement la remarque.

— Bah, répond le berger, que voulez-vous, toute ma famille est pratiquante. Ne pas aller à la messe me ferait mal voir par tous les miens...

— Passe encore d'aller à la messe, lui répond-on, mais tu fais preuve d'une dévotion particulièrement poussée et ostentatoire. On t'a même vu baiser les pieds du Christ en croix. Tu n'en ferais sûrement pas autant pour le Premier Secrétaire du Parti...

— Dame, répond Janko, ça se pourrait bien. Si vous le crucifiez...

***

Kowalski tente d'expliquer à Nowak la différence entre un malheur et une catastrophe :

— Tiens, par exemple : si tu perds un mouton c'est un malheur, mais si l'avion emmenant le comité central s'écrase, ce n'est qu'une catastrophe...

***

Le chef de la police politique est entré chez le coiffeur.

— Me reconnaissez-vous ? lui demande-t-il.

— Non, fait l'autre.

— Alors rasez-moi...

***

Qu'est-ce qu'un orchestre de chambre polonais ?

— Un orchestre symphonique qui rentre d'une tournée à l'Ouest...

***

1945. Staline a entrepris de redessiner la carte de l'Europe orientale. La Pologne gagne des territoires à l'Ouest mais elle en perd à l'Est. Une commission mixte polono-soviétique est chargée d'établir le tracé minutieux de la nouvelle ligne de démarcation entre les deux pays frères. Et comme il arrive parfois, elle s'avise que quelque part, un peu à l'ouest de Lwow, la frontière théorique coupe en deux la ferme d'un paysan. La règle, en pareil cas, est de laisser le choix à l'intéressé : selon qu'il voudra rester en Pologne ou opter pour l'U.R.S.S., la frontière passera à l'ouest ou à l'est de son lopin de terre.

Les commissaires mettent quelque temps à persuader le rustique qu'en l'occurrence son choix est entièrement libre et que, quel qu'il soit, on ne lui en tiendra pas rigueur. Le paysan a la nuit pour réfléchir ; les commissaires repasseront dans la matinée du lendemain.

A leur retour, le bonhomme avec un reste de crainte fait part de sa décision : il a choisi la Pologne. Les commissaires en prennent acte courtoisement et entreprennent de placer les bornes frontières aux endroits requis.

— Tout est en règle, camarade, fait l'un d'eux. Nous te remercions pour ta collaboration. Mais, au fait, et maintenant que ta décision est prise et actée, qu'est-ce qui t'a poussé à opter pour la Pologne ?

— Ben, fait l'homme des champs, tortillant son

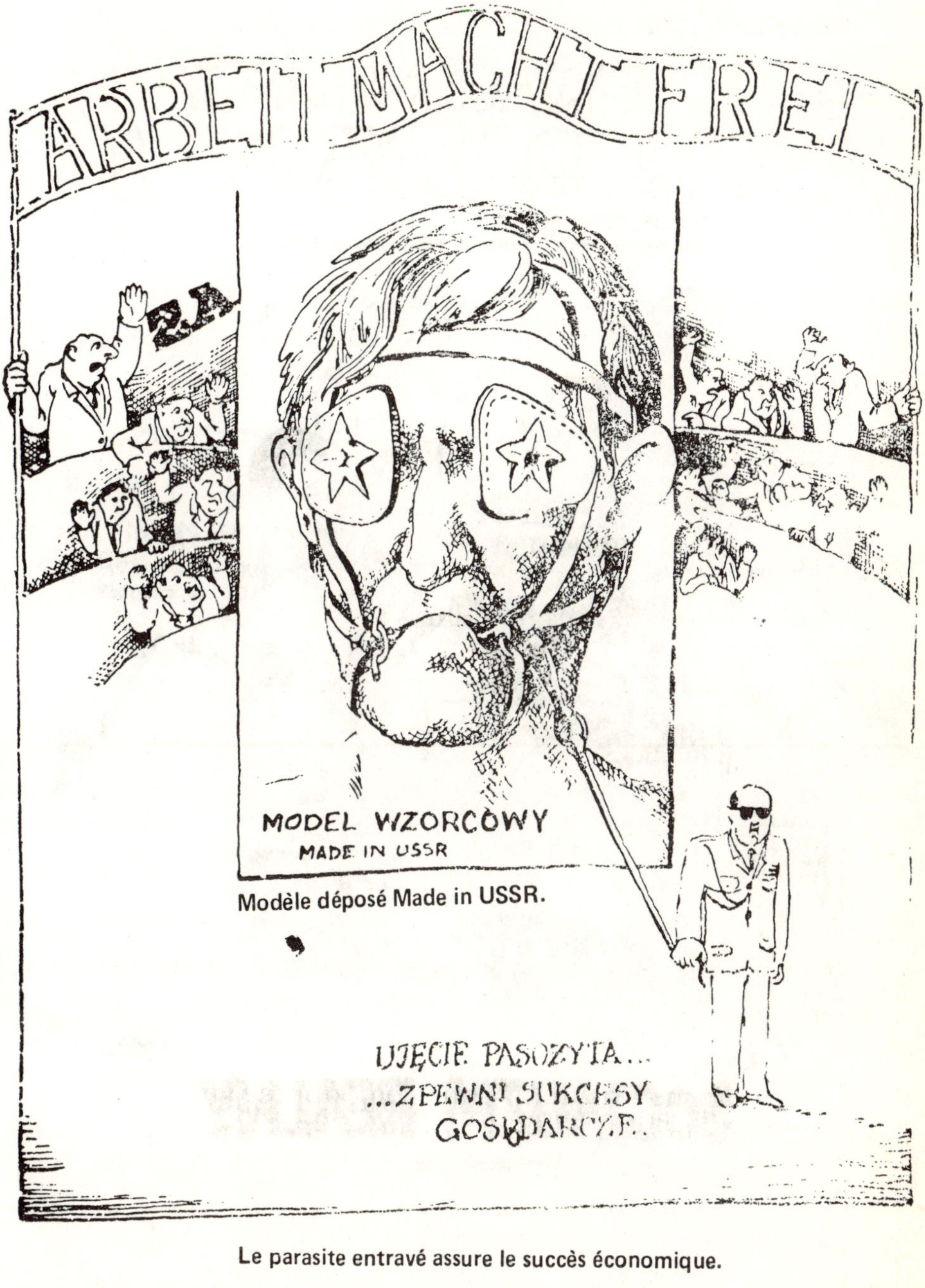

Modèle déposé Made in USSR.

Le parasite entravé assure le succès économique.

CZEGO PRAGNIEMY
DOKĄD DĄŻYMY ?
– Que voulons-nous?
– Où allons-nous? (Titre du programme du parti)
SOCJALIZM PRYWATNY
Socialisme privé.
TO MI SIĘ PODOBA !
Ça, ça me plaît!
MADE IN USSR
SOCJALIZM REALNY
Socialisme réel.

– Ici Oka, ici Oka! Une personne privée vient de sortir de chez elle!

UNIWERSYTET

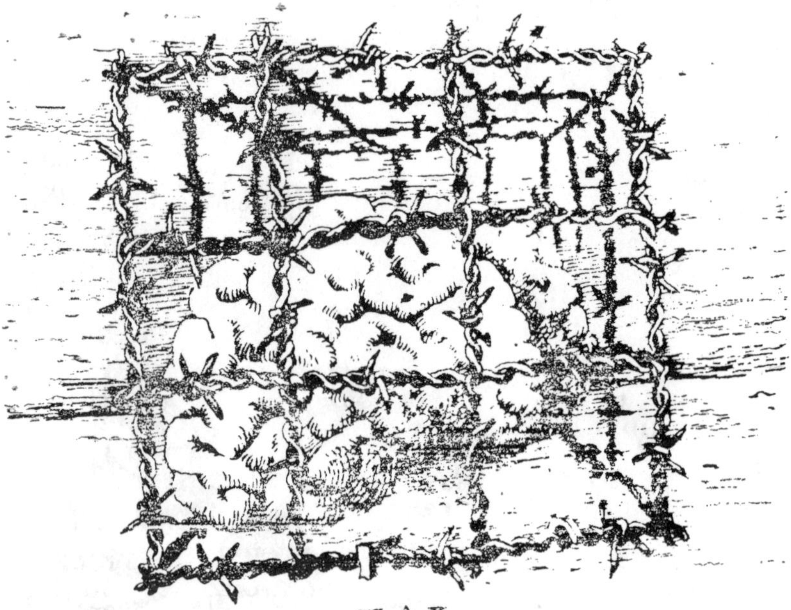

W KRAJU DEMO-KRACJI LUDO-WEJ

L'Université dans un pays de démocratie populaire.

tablier, on en a causé toute la nuit ma femme et moi et on s'est dit tout de même pour finir, qu'en Russie, les hivers sont plus rudes...

***

1955. La scène se passe sur la nouvelle frontière fraternelle polono-soviétique ; les soldats Kowalski et Popov montent la garde côte à côte. Ils avisent soudain un monticule de terre fraîchement remuée. Ils s'arment d'une pelle, creusent et déterrent rapidement un coffret métallique. Ils mettent quelque temps à forcer la serrure mais la récompense est à la mesure de leurs efforts : le coffret est rempli de pièces d'or !

— Partageons en frères, camarade ! s'écrie Popov les yeux luisants de convoitise.

— Ah non, pas en frères ! s'exclame Kowalski. Moitié, moitié !...

***

Une grande cérémonie a été organisée dans la petite ville pour honorer et récompenser l'équipe des trois maçons stakhanovistes qui vient de terminer la construction d'un mur en un temps record. Les maçons et leur chef d'équipe, sagement alignés le long de « leur » mur, ont écouté les discours officiels. Le secrétaire de la section locale du Parti qui vient de terminer sa harangue, invite le chef d'équipe à venir à la tribune pour recevoir la décoration et la prime prévues.

— Bon, fait rapidement et à voix basse le chef d'équipe à ses camarades. Maintenant, pas de blague ; je vais faire au plus vite mais jusqu'à mon retour, pas un geste : vous allez devoir soutenir ce foutu mur à vous deux...

***

Un journaliste français se livre à un petit sondage dans les rues de Varsovie.

— Et vous, monsieur, êtes-vous content de votre sort ? demande-t-il à son voisin de table dans un *kawiarnia* (salon de thé, le café faisant défaut).

— Tout à fait, répond l'autre avec empressement. Comme tous les travailleurs de mon entreprise, je viens de recevoir le logement que j'attendais : un appartement de trois chambres avec cuisine et salle de bains. L'équipement est parfait : nous avons même la radio.

— Même la radio ?

— Absolument. Où croyez-vous que j'ai été chercher ce que je viens de vous raconter ?...

***

Au cours de matérialisme historique :

Quelle est la différence entre la démocratie bourgeoise et la démocratie socialiste ?

— C'est le franchissement d'un seuil qualitatif dans l'organisation sociale. Cette différence peut se comparer à celle qui sépare la chaise de la chaise électrique...

***

En quoi les élections dans un pays socialiste rappellent-elles le paradis terrestre ?

— Lorsque Dieu créa Eve, il se tourna vers Adam

et lui dit : « A présent tu peux te *choisir* une épouse »...

*
* *

Cette jeune activiste, souffrant d'une forte bronchite, est allée consulter un spécialiste. Ce dernier qui l'a invitée à se dévêtir, constate avec surprise deux décalcomanies sur les seins de la jeune fille : l'une de Staline côté cœur, l'autre de Bierut sur le sein droit. Le vieux praticien ne peut retenir un sourire.

La jeune activiste qui l'a remarqué lui lance avec hargne :

— Cela vous étonne ? Pourquoi ne pourrais-je porter sur mon cœur les visages de ceux que j'aime ? Les chrétiens, dont vous êtes sans doute, portent bien la croix !

— Sans doute, sans doute, mais ils la retiennent par une chaîne, fait le médecin hochant de la tête. Etes-vous sûre, camarade, avec les années, de maintenir nos chers dirigeants à la hauteur de votre affection ?

*
* *

Kowalski n'est pas venu à la dernière réunion de cellule. Nowak le secrétaire lui en fait le reproche.

— Ce n'est pas ma faute, explique Kowalski ; je m'étais bien mis en route mais à deux reprises un chat noir m'a coupé la route. La première fois, j'ai pris sur moi et j'ai poursuivi mon chemin, mais la deuxième, je l'avoue, j'ai pris peur et je suis rentré chez moi...

Nowak soupire :

— Est-il possible d'être prisonnier à ce point de superstitions moyenâgeuses ! Mais par qui as-tu été élevé, mon pauvre vieux ?

— Mais par ma mère ! fait Kowalski offensé.

— Et elle ne t'a jamais appris à faire le signe de croix ?

***

Le jury de mathématiques interroge trois étudiants ; la question est la même pour tous : combien font deux et deux ?

A répond : quatre, B répond : trois, C répond : cinq. Lequel des trois candidats est-il reçu ?

C'est C. En effet, A a répondu en faisant preuve d'arrogance intellectuelle. Quant à B, il a montré un pessimisme idéologique condamnable. C, lui, n'a peut-être pas fourni la réponse tout à fait exacte mais a manifesté une orientation politique positive.

***

Le secrétaire local du Parti interroge le paysan.

— Si tu avais deux chevaux, accepterais-tu d'en donner un à la coopérative ?

— Sûrement !

— Ferais-tu de même si tu avais deux vaches ?

— Sans hésiter !

— Et deux cochons ?

— Absolument !

— Et deux poules ?

— Ah ! là, non ! s'écrie le rural.

— Mais pourquoi pas ? Tu acceptes bien de partager tout le reste...

— Le reste, oui ; mais le problème avec les poules, c'est que *j'en ai* deux...

***

Quelle signification faut-il accorder à la scène suivante : quatre ouvriers portant sur leurs épaules un policier ivre ?

— C'est le pouvoir aux mains des travailleurs...

***

Quelle est la différence entre les constitutions polonaise et française ?

— La première garantit la liberté d'expression, la seconde garantit la liberté de celui qui s'est exprimé.

***

Socialisme, sardines et chocolat...

Les vicissitudes de ma vie de famille m'ont permis de connaître la Pologne dès l'époque stalinienne. L'histoire suivante rend compte d'un de mes tout premiers contacts avec les réalités du système tel qu'il fonctionnait alors, et qui, comme on va le voir, n'épargnait même pas les adolescents.

J'étais arrivé à Varsovie en septembre 1952 et espérais bien rester dans la capitale. Mais quelques semaines plus tard, on m'expliqua avec force arguments que la chose était impossible et au demeurant guère souhaitable : les internats de la ville étaient, paraît-il, bondés, et d'autre part il convenait que je m'immerge dans la Pologne profonde, hors de tout contact avec des francophones, pour approfondir mieux et plus vite ma connaissance de la langue locale, assez rudimentaire en ce temps-là. On me donna donc à choisir entre deux localités : Pultusk, à une soixantaine de kilomètres de Varsovie, et Plock, siège d'importantes usines chimiques. Je choisis la première proposition car Pultusk, outre qu'elle était plus proche de la capitale, figurait sur l'Arc de Triomphe au titre de victoire napoléonienne, et je m'étais figuré qu'elle devait être, dès lors, riche en curiosités historiques.

C'est plus tard seulement que je devais apprendre que j'étais l'objet d'un bannissement déguisé qui allait durer jusqu'en 1955 et qui résultait de mon refus d'entrer à l'Ecole des Cadets.

J'arrivai donc à Pultusk où, moins de deux ans auparavant, des partisans anti-communistes avaient mené un raid audacieux, libérant plusieurs détenus politiques incarcérés dans la prison locale. On m'inscrivit sans tarder au lycée local, dirigé par un prêtre défroqué qui avait étudié à Rome avec le cardinal Wyszynski. Mes condisciples m'accueillirent chaleureusement et l'organisation de la Jeunesse me proposa d'emblée de rejoindre ses rangs non sans me soumettre préalablement à un petit examen de passage. Car si j'étais objet de sympathie et de curiosité en ma qualité d' « Occidental » revenu au pays, je n'en étais pas moins, de ce fait, en butte à une certaine circonspection « idéologique ».

On me pria de prendre la parole dans une réunion du lycée dont le but serait d'expliquer à l'auditoire le sort pénible de la classe ouvrière des pays occidentaux, victime de l' « exploitation capitaliste ». L'actualité d'alors fournissait la matière aux questions qui me seraient posées : La France dont je venais, la Lorraine plus précisément, venait d'être le théâtre d'une grève des mineurs particulièrement longue, dure, et à coup sûr pénible pour ceux qui l'avaient entreprise.

La description des événements et de leur contexte, bien que formulée dans une langue boiteuse, devait être passablement sombre et correspondre assez bien à ce que l'on en attendait car je voyais un air de satisfaction non équivoque se peindre sur les lèvres des animateurs de la réunion.

Malgré ma pauvreté d'expression, j'apportais le renfort infiniment précieux d'un témoignage direct et sans fioritures ; il tranchait sur le discours, truffé de clichés, de formules toutes faites et inlassablement répétées, auquel recourait la propagande du Parti pour décrire les conditions de vie et de travail des prolétaires de l'Ouest.

Tout se déroulait donc pour le mieux jusqu'à ce qu'une élève, à la curiosité plus aiguisée que ses camarades, me demande de quoi vivaient les ouvriers en grève. Je répondis en évoquant l'action multiple des syndicats, les collectes auprès des travailleurs d'autres secteurs, l'envoi de fonds en provenance d'autres régions de France, voire de l'étranger, la compréhension des petits commerçants locaux, etc. Mais ma condisciple voulait en savoir plus et notamment ce que pouvaient bien manger les grévistes privés de salaire depuis des semaines. Je répondis tranquillement et en toute candeur : « Des sardines et du chocolat. »

Le silence, stupéfait chez les uns, glacial chez les autres, me fit comprendre que je venais de commettre une gaffe de toute première grandeur et qui ne me serait pas pardonnée de sitôt. J'avais eu le malheur de perdre de vue qu'aucun des jeunes rassemblés dans la salle n'avait la moindre idée de ce à quoi pouvaient ressembler des sardines à l'huile ; de même, dans le feu de la discussion, j'avais oublié que le chocolat constituait, comme toutes les denrées importées, un article de super-luxe.

On n'alla pas jusqu'à m'accuser d'être un provocateur mais mon adhésion à l'organisation fut remise à plus tard. Beaucoup plus tard...

(Henryk KURTA)

CHAPITRE III

Gomulka ou le printemps escroqué

En ce début de 1955, la Pologne officielle s'active fébrilement à la préparation du « grand événement » de l'été : le Festival Mondial de la Jeunesse. Pour ce grand raout de propagande, le pays se doit de devenir la vitrine du Socialisme. A cette fin, une carte de Varsovie est enfin éditée. C'est la première du genre, le plan de la ville étant considéré jusque-là, semble-t-il, comme un secret militaire... Bien en évidence et en face du Palais de la Culture, saint-honoré architectural offert par l'Union soviétique, le plan renseigne une statue de Joseph Staline... Stalinisme oblige. Pourtant, lorsque s'ouvre le Festival, en juillet, la statue (celle-là même dont les insurgés hongrois, quinze mois plus tard, jetteront bas la réplique budapestoise) n'est pas au rendez-vous annoncé. C'est le signe, l'un des tout premiers, du changement qui se prépare... à Moscou. Moscou sur laquelle les pays du bloc ont définitivement réglé leur pendule depuis la conclusion, en mai, du pacte de Varsovie. Car le lien militaire renforce à présent le lien économique créé par le Comecon.

Quand le changement apparaîtra, il prendra pour les Polonais la forme d'un double coup de tonnerre.

Le premier retentit dans tout le camp socialiste : c'est le fameux « rapport » que Khrouchtchev lit au XXe Congrès du P.C. soviétique et où il énumère, des heures durant, les crimes de Staline. Plusieurs délégués, dira-t-on plus tard, se sont évanouis d'émotion. Parmi eux, un homme à l'âme trop sensible n'est pas revenu à lui. Bierut, chuchoteront les uns, s'est suicidé, « on » l'a suicidé préfèrent croire les autres. Le mystère à ce jour, reste entier.

L'homme qui lui succède, en mars 1956, a pour nom Ochab. Malgré certaines blagues (celles qui ont trait à la visite de De Gaulle en 1967) qui le présentent comme un personnage obtus, il mènera sans trop de casse la déstalinisation dont le point culminant sera atteint en octobre. Dans ce but, Ochab et son Premier ministre, l'ex-socialiste Cyrankiewicz, entreprennent d'épurer ou de neutraliser les éléments les plus staliniens de l'appareil, notamment dans la police et l'armée. Mais les deux hommes n'éviteront pas une tragédie qui va donner un formidable coup d'accélérateur au changement en cours : ce sera le « Jeudi noir » de Poznan. Dans la grande ville industrielle de la Pologne occidentale, les ouvriers qui ont senti le vent du changement et y ont puisé courage sont descendus dans la rue. Ils entendaient protester contre des cadences infernales de travail correspondant à des salaires de misère. La police tire une première salve et tue un gosse de treize ans. La colère de la foule, alors se déchaîne et la police tire à nouveau. On relèvera en effet cinquante-six morts (bilan officiel). Un ruisseau de sang sépare déjà le communisme polonais de la classe ouvrière dont il est censé être l'émanation.

L'émotion créée par ce « Jeudi noir » provoque un sursaut chez les éléments anti-staliniens et nationaux du Parti qui réclament avec insistance le retour de leur homme : Gomulka, sorti de prison depuis peu. En octobre c'est chose faite, l'idole de la base accède à la fonction de Premier Secrétaire. Tout de suite, il confirme son intention de radicaliser la déstalinisation commencée « en mineur » par son prédécesseur. Et du coup, cet homme issu du Parti, disgracié puis rétabli par le Parti, devient le héros de toute la nation. Deux mesures vont l'y aider puissamment : la restitution de la terre aux paysans et la main qu'il tend au cardinal Wyszynski, toujours interné. Et lorsque Khrouchtchev atterrira à Varsovie flanqué d'une brochette de généraux, il est trop tard pour faire refluer le cours des choses, sinon pour l'endiguer. La Pologne enhardie, classe ouvrière en tête et qui s'est trouvé une figure de proue, se mobilise. Pendant les douze heures dramatiques du tête-à-tête entre le maître du Kremlin courroucé et Gomulka le dos au mur, c'est par centaines de milliers que les Varsoviens, emmenés par les ouvriers de l'usine automobile de Zeran, convergent vers le centre de la capitale. L'armée elle-même, dit-on, malgré la présence à sa tête du Polono-russe Rokossovski, n'est plus sûre ; des armes commencent à être distribuées çà et là, notamment aux étudiants, par certains officiers patriotes. Khrouchtchev, épouvanté par le bain de sang qui menace mais se rendant compte également que l'homme qui lui fait face, malgré sa détermination à conférer au régime un minimum de « polonité », est resté foncièrement communiste (il ne tardera pas à le prouver) et demeure résolu à maintenir son pays dans la « mouvance » soviétique, cède. Il accepte de cautionner la ligne Gomulka. Il a trouvé à Varsovie son Kadar et a prévenu la secousse qui, quelques jours plus tard, ébranlera la Hongrie. Le prix à payer est certes élevé mais il s'allègera considérablement par la suite. Khrouchtchev « avale » le retour de la Pologne à la propriété agricole privatisée, le statut particulier de l'Eglise, et, pour un temps, la création de conseils ouvriers dans les entreprises ; le tout assorti d'une liberté d'expression sans précédent dans le bloc.

Et ce n'est pas tout. Invité en grande pompe trois mois plus tard dans la capitale soviétique, Gomulka y obtient de considérables « amendements » aux fonctionnements des échanges soviéto-polonais qui se réduisaient jusque-là à la mise en coupe réglée du plus faible par le plus fort. Désormais, les Soviétiques paieront ce que la Pologne leur livre. C'est une décolonisation, version est-européenne, dont nous verrons qu'elle gardera cependant un caractère limité et relatif. Comme de juste, Gomulka rentre en triomphateur aux yeux des Polonais persuadés qu'un « nouveau cours » vient effectivement de commencer.

Il leur faudra déchanter très vite. Mais il convient pourtant d'observer ici que le « printemps d'octobre », s'il n'inaugure pas comme l'espéraient ceux qui le vécurent, un « socialisme polonais », demeure rétrospectivement un tournant. Depuis lors, et jusqu'à ce jour, le système devra fonctionner selon des normes en contradiction avec sa logique et sa dynamique propres et qui le handicaperont gravement. Le maintien d'une agriculture privée dans un système de capitalisme d'Etat va dérégler en permanence le fonctionnement de ce dernier ; l'Eglise libérée des contraintes qu'elle subit ailleurs va constituer un pôle de pensée et de culture autonome

Cartes postales pour Pâques éditées par les clandestins de «Solidarnosc».

Cartes postales éditées par la clandestinité.

Œuf de Pâques made in URSS.

Chacun loue le Seigneur selon ses moyens.

Carte postale pour Pâques 1983.

dans la vie sociale qui battra constamment en brèche le monopole auquel prétend le Parti.

Pour l'heure, et battant le fer tant qu'il est chaud, Gomulka organise des élections législatives. Des élections... à la Gomulka qui, elles aussi, de prime abord, confirment le changement. Certes, on votera comme par le passé sur une liste unique mais on aura cette fois le choix entre plusieurs noms pour chaque siège à pourvoir. C'est inconstestablement un progrès : il marquera l'apothéose du « printemps ».

Et pourtant, dès ce moment, une première faille se dessine ; aux yeux des plus perspicaces. Les électeurs ont bien la possibilité de rayer des noms sur les listes électorales (et ainsi d'en bouleverser l'ordre pour faire élire le candidat de leur choix), mais Gomulka les prie instamment de n'en rien faire et de voter pour la liste telle quelle, dans son ordre de présentation des candidats parmi lesquels les plus « contestataires » occupent les dernières places. N'est-ce là qu'une manifestation de prudence destinée à calmer Moscou ? Les plus optimistes peuvent le croire. Et l'Eglise elle-même cautionne la consigne du Premier Secrétaire.

Mais en octobre, le mois anniversaire du « printemps », le doute hélas n'est plus permis. Gomulka interdit la publication de l'hebdomadaire *Po Prostu* (franc-parler) qui regroupe les intellectuels qui ont été les ferments et les fers de lance du changement. L'événement sonne le glas des espoirs les plus fous entretenus jusque-là. Gomulka mettra plus de temps et aussi plus de doigté à étrangler une autre grande conquête d'octobre : les conseils d'ouvriers. Ce sera pourtant chose faite dès 1958, quand la bureaucratie aura reconquis toutes ses prérogatives dans les entreprises. Les lois qui devaient consacrer l'autogestion ouvrière, lorsqu'elles seront votées en 1961, seront vidées de toute substance.

1958 marque l'entrée de la Pologne dans ce que l'on pourrait appeler le communisme « gris » par opposition aux années noires qui l'ont précédé et à la période « rose » que constitueront les trois premières années de l'ère suivante, entamée par Gierek. Cette grisaille où se développe une désespérance sans cesse accrue, explique la tonalité des plaisanteries que l'on peut dater avec précision de cette époque. Si aucune ne porte témoignage de l'intense ferveur d'octobre 56 et des quelques mois qui ont suivi, c'est que la lune de miel du peuple et du régime fut de bien courte durée. Quand *Po Prostu* sera interdit, les étudiants manifesteront dans la rue et seront matraqués sans faiblesse. Quelques mois plus tard, Gomulka crée la police anti-émeutes, première version des sinistres « zomos » spectaculairement à l'œuvre en 1981.

Le désenchantement, qui affecte d'abord l'intelligentsia, s'étendra rapidement à l'ensemble de la population avec l'apparition des premières pénuries alimentaires que nous tenterons d'expliquer dans le chapitre suivant. Mais la morosité n'est pas chez tous synonyme de résignation et dès 1963, les choses commencent à bouger.

Le premier signe en est un manifeste signé par de nombreux intellectuels qui réclament un contenu plus polonais pour la vie culturelle. Il s'agit d'un fait politique mais aussi d'un fait de société. Moins visible que le tournant de 1956, il n'en est pas moins important. Il témoigne en effet de la fusion qui s'est opérée entre les aspirations de ce qui subsiste de l'ancienne intelligentsia, incarnée par le poète Slonimski ou la romancière Maria Dabrowska par exemple, et celle plus jeune, plus nombreuse, piaffante qui émerge au terme de vingt années de socialisme.

Ce dernier — et c'est peut-être le seul mérite authentique à porter à son crédit —, a largement démocratisé l'éducation et la culture. Mais il n'en a pas tiré profit politiquement car la jeune génération des intellectuels, qui a grandi dans les affres et les secousses rappelées plus haut, partage la soif de « polonité » de ses devancières et elle y ajoute son propre appétit de liberté. Restée sous l'influence du catholicisme, mieux informée de ce qui se passe à l'Ouest parce qu'elle subit des contraintes moins pesantes qu'ailleurs à l'Est, la jeunesse ne tarde pas à soumettre le fonctionnement du régime à un examen sans cesse plus critique.

D'autres courants de pensée, plus minoritaires, ceux de la gauche non communiste laïque, ne vont pas tarder eux aussi à faire entendre leur voix. En 1966, Jacek Kuron (déjà lui !) et Karol Modzelewski ne craignent pas de publier un manifeste où ils dénoncent le caractère anti-ouvrier du régime et sa trahison des idéaux socialistes. Acte courageux qui vaut à ses auteurs leur premier séjour en prison...

Comme nous l'avons relevé précédemment, l'assise trop étroite du communisme local a pour conséquence que les secousses qu'il subit de l'extérieur donnent rapidement lieu à des règlements de comptes internes. Ils apparaîtront en pleine lumière deux ans plus tard à l'occasion du « mai 68 polonais » (lequel se déroulera au mois de mars, précédant toutes les autres manifestations étudiantes de par le monde cette année-là).

De prime abord, les faits semblent d'une « lecture » aisée. Un théâtre varsovien a mis à l'affiche une pièce du grand auteur classique Mickiewicz, intitulée *les Aïeux* qui évoque l'occupation russe au siècle dernier.

Dans la salle on applaudit un peu trop fort certains passages ; le représentant à Varsovie des tsars rouges s'offusque de ce rappel trop appuyé des méfaits des tsars blancs. En clair, l'ambassadeur soviétique intervient et obtient le retrait de l'affiche des *Aïeux*. Des manifestations et des grèves éclatent à l'Université. Dans un premier temps, la police réagit mais sans vraiment réprimer. Lorsque les étudiants sortent en cortège de leurs facultés pour manifester en rue, ils ne seront pas immédiatement dispersés. La police, présente en force, leur laisse même un accès libre : l'artère où est situé le Comité central. Il s'agit pour certains, tapis dans la coulisse, de laisser croire à une manifestation d'opposition frontale au régime et qui vise Gomulka personnellement. Dans la foule, les provocateurs crient « Zambrowski au pouvoir ». Il y a là de quoi échauffer le sang des étudiants, si l'on sait que cet ancien dirigeant, d'origine juive, comptait parmi les plus détestés de l'époque stalinienne. Quand enfin la police interviendra, elle le fera avec toute l'efficacité désirable...

Le régime sort de l'aventure gravement discrédité, Gomulka surtout. Mais que s'est-il passé en fait ? Rien d'autre qu'une habile manipulation, que n'ont pas vue les infortunés étudiants. Son auteur est le général Moczar vite démasqué et qui va, dès lors, ainsi que Gierek, faire figure de challenger de Gomulka. Communiste bon teint (il a dirigé les seuls maquis rouges de la guerre, dans le sud-est du pays), Moczar incarne en Pologne la tentation « roumaine », celle d'un communisme davantage national et même nationaliste. Ne pouvant s'en prendre directement à l'emprise soviétique, il exacerbe le sentiment anti-allemand au nom duquel il veut réconcilier tous les Polonais qui ont combattu l'hitlérisme, communistes ou non. De même, en dénonçant par agents interposés les dirigeants et cadres d'origine juive dans le Parti (dont certains, il est vrai, sont des staliniens repentis), Moczar ne craint pas d'exploiter l'antisémitisme latent. La guerre des Six Jours qui a éclaté dans l'intervalle et qui a vu la défaite humiliante des alliés de Moscou, sert ses desseins. Gomulka qui a enfin senti d'où soufflait le vent, se croit obligé, pour survivre, de surenchérir sur ses rivaux, malgré les origines juives de son épouse. Son célèbre discours où il dénonce une « cinquième colonne sioniste » en Pologne donne le départ à une campagne d' « antisémitisme » officiel qui aboutira à l'exode forcé d'une bonne moitié des quelques dizaines de milliers de juifs vivant encore dans le pays.

Pourtant la roue du destin va tourner une dernière fois dans une direction favorable au dirigeant vieillissant, de plus en plus éloigné de son peuple et prisonnier plus que jamais d'une « langue de bois » qui excite la verve de nos blagueurs.

Cette dernière chance, c'est la politique extérieure qui la lui offre avec l'arrivée au pouvoir en R.F.A. de Willy Brandt et la mise en œuvre de son Ostpolitik (politique de l'Est). Brandt, par l'intermédiaire d'un journaliste, ami commun, a sondé Gomulka, et ce dernier a fini par se laisser convaincre de la sincérité des intentions de l'Allemand. Les négociations vont bon train et sont sur le point d'aboutir à la signature d'un traité lorsque Moscou décide de prendre les devants. Pas question en effet pour le Kremlin de laisser la vedette à un vassal du bloc (et surtout pas la Pologne) dans un domaine aussi important et spectaculaire que la réconciliation avec l'Allemagne fédérale. L'U.R.S.S. exercera donc son droit de cuissage au mois d'août avec la signature du traité soviéto-allemand qui met fin au contentieux légué par la guerre. Gomulka reçoit alors seulement un nouveau feu vert : il signera « son » traité au mois de décembre au terme de la spectaculaire et émouvante visite de Willy Brandt où l'on verra le chancelier allemand s'agenouiller devant le monument érigé à la mémoire des martyrs du ghetto.

L'événement, c'est un fait, impressionne la Pologne. S'il ne redonne pas à Gomulka sa popularité d'antan, il lui confère un incontestable regain de prestige. La sagesse voudrait qu'il se retire sur ce coup d'éclat qui lui vaudrait quelques paragraphes flatteurs dans les manuels d'Histoire de la Pologne et du monde. Hélas, le goût du pouvoir, et sans doute les mauvais conseils de certains — qui prennent ombrage d'un départ aussi glorieux —, l'incitent à rester. Mal lui en prend car les mêmes conseillers lui soufflent dans l'oreille que les circonstances se prêtent à une mesure drastique et douloureuse, rendue indispensable par l'état de l'économie : la hausse des prix alimentaires. Une hausse qui sera pour le consommateur aussi brutale qu'inattendue, atteignant jusqu'à cent pour cent pour certains produits « stratégiques », tels la viande et le beurre.

La réaction elle aussi sera brutale et, pour le pouvoir, inattendue. Des grèves éclatent un peu partout dans le pays mais c'est sur le littoral baltique qu'elles prendront le plus d'ampleur. Là, les ouvriers qui descendent dans la rue, n'hésitent pas à s'en prendre au vrai coupable : le Parti, dont ils incendient les permanences. La riposte sera à la hauteur du sacrilège : elle fera soixante-dix morts officiellement reconnus, plus de trois cents en réalité. Cette répression, un homme la commande en sa qualité de ministre de la Défense. Il se nomme Jaruzelski (déjà lui).

Le régime matera donc la colère ouvrière ; comme à Poznan quatorze ans et demi plus tôt. Une fois de plus c'est la situation économique qui a mis le feu aux poudres. Nous verrons pourquoi dans le prochain chapitre. Une fois de plus et davantage encore qu'en 1956, les ferments de division interne dans le régime ont contribué à lui infliger un redoutable échec. Une fois de plus, les événements réclament une victime expiatoire et un homme providentiel. Le premier ne peut être que Wladyslaw Gomulka. Il passe la main le 13 décembre. Un homme lui succède qui a su, dans la coulisse, « user » ses rivaux. Il se nomme Edward Gierek. Pendant plusieurs années, il croira pouvoir s'imposer en prenant le contre-pied des politiques suivies par son prédécesseur. On sait ce qu'il en adviendra...

***

Les souvenirs sont comme la monnaie : les mauvais chassent les bons. Ainsi les blagues de ce chapitre ne portent-elles pas trace des quelques mois durant lesquels Gomulka fut un héros national. Nos histoires au contraire le mettent en boîte fréquemment. Elles font également allusion aux luttes de factions dans le Parti, au mépris des intellectuels et aux conditions de vie difficiles qui caractérisent cette période, la plus longue qu'ait connue jusqu'ici le communisme polonais.

C'est également dans ce chapitre qu'apparaissent le plus grand nombre des fameuses histoires juives. La majorité d'entre elles constitue une dénonciation indirecte de la campagne antisémite de 1968, mais certaines, comme nous l'avons dit et expliqué, rendent un son plus ambigu. Quelques historiettes et plaisanteries enfin rendent compte de l'impact psychologique créé par De Gaulle lors de sa visite en septembre 1967.

***

Comment les pays socialistes cheminent-ils vers le communisme ?

— La Chine, la Yougoslavie et la Roumanie cheminent parallèlement à l'Union soviétique ; la R.D.A., la Tchécoslovaquie, la Bulgarie cheminent de front avec l'Union soviétique ; la Hongrie chemine avec l'Union soviétique sur le dos.

— Et la Pologne ?

— Avec l'Union soviétique aux fesses !

***

Est-il vrai que les pompes funèbres soviétiques fonctionnent avec une lenteur excessive ?

— C'est vrai. Ainsi Staline est mort en 1953 et on l'a enterré en 1956.

***

Gomulka et Cyrankiewicz, son Premier ministre, sont partis en tournée d'inspection à travers le pays. Tout d'abord ils visitent une crèche.

— Combien coûte en moyenne l'entretien d'un enfant ? demande Gomulka au directeur.

— Environ cent zlotys, camarade Premier Secrétaire.

— Dorénavant, il faudra faire avec moins, grogne Gomulka ; cinquante zlotys me paraissent amplement suffisants.

Après quoi les deux hommes se rendent dans une faculté universitaire. Gomulka repose sa question.

— Le coût moyen d'un étudiant ici est de quatre cents zlotys, lui répond le président de la faculté.

— Vous le ramènerez à deux cents, lance Gomulka toujours aussi revêche.

Leur itinéraire les conduit ensuite dans une prison. Là aussi, le Premier Secrétaire s'enquiert des sommes dépensées pour chaque détenu.

— Vingt-cinq zlotys en moyenne seulement, lui répond-on.

— C'est beaucoup trop peu ! se récrie Gomulka. Vous allez multiplier désormais cette somme par dix.

Cyrankiewicz ne peut dissimuler sa surprise. Il prend Gomulka à part et lui demande ce qui l'incite à privilégier de la sorte les prisons.

— Joseph, soupire Gomulka, que crois-tu qu'il adviendra de nous quand ils nous auront assez vus ? Penses-tu qu'ils nous renverront à la crèche ? Nous sommes trop vieux. L'Université ? Ni toi ni moi n'y avons jamais mis les pieds. Alors...

***

Quel était le personnage préféré des enfants polonais ?

— Gomulka : il ne les obligeait ni à vider leur assiette de soupe ni à dire leur prière. Et il racontait de si belles histoires...

*
* *

Gomulka est tombé en panne sur une route déserte. Il ne peut redémarrer malgré ses efforts. Enfin une voiture vient à passer qui consent à s'arrêter. Un homme en descend qui n'est autre que Gierek. Gomulka lui explique ses déboires.

— Ce n'est pas grand-chose, j'en suis sûr, fait Gierek qui entreprend de plonger la tête sous le capot.

Il en émerge quelques minutes plus tard et se met au volant : la voiture démarre.

— Tu vois bien, fait-il, ce n'était rien...

— Mais encore ? interroge Gomulka.

Gierek le contemple d'un air mi-agacé, mi-apitoyé :

— Wladyslaw, quand donc comprendras-tu ? Quand le moteur grippe tu desserres la vis, tu huiles et puis tu resserres fort. Très fort...

*
* *

En cette fin de décembre 1970, Kowalski est concierge dans une école de province. La rumeur des événements de la Baltique et de Varsovie lui parvient confusément. Par prudence, à côté du portrait de Gomulka qui décore la salle des professeurs, il a accroché celui de Gierek. Surgit le directeur, très excité :

— Foutez-moi en l'air le portrait de ce salaud !

— Lequel ? fait Kowalski.

*
* *

Flikenstein s'est décidé à demander le fameux passeport pour Israël. A la frontière, il est soumis, comme tous ses pareils, à une fouille tatillonne et vexatoire. De santé fragile, il a emporté de nombreux médicaments.

Le douanier lui demande des justifications pour chacun d'eux.

— Celui-ci, explique Flikenstein, est contre la tachycardie ; celui-là contre les maux d'estomac ; cet autre contre mes migraines tenaces.

Mais entre deux médications, le douanier a extrait une photo de Gomulka.

— Et cela ? fait-il soupçonneux.

— Cela, c'est contre le mal du pays...

***

Une occasion en or

La scène que je veux raconter ici est de celle dont chacun qui l'aurait vécue pourrait dire simplement et sans crainte de céder à la sensiblerie du souvenir, qu'elle est inoubliable au sens le plus fort que peut revêtir ce mot. Elle remonte à mon tout premier séjour en Pologne, et elle devait à tout jamais « colorer » l'image que je garderai de ce pays.

J'arpentais les rues tristes de Radom en compagnie d'un ami français, étudiant en mathématiques, qui séjournait avec moi dans le camp de vacances de la Z.S.P., l'Union des Etudiants Polonais qui nous avait invités à passer le mois de juillet sur les bords de la Vistule. Celà se passait en 1958 dans une Pologne qui portait encore les stigmates de la guerre sur le visage de ses villes et où la Z.S.P., notre hôte, luttait pied à pied pour maintenir les conquêtes du « printemps d'octobre » déjà bien battues en brèche.

L'une de ces conquêtes, pour les étudiants polonais, avait été l'autorisation de nouer des liens avec leurs associations sœurs à l'Ouest, notamment en France et Belgique, d'où notre présence.

Le but de notre excursion à Radom, une ville de la Pologne centrale situé sur la route reliant Varsovie à Cracovie, n'était pas désintéressé. En effet, en dépit de la pauvreté générale qui caractérisait les débuts de l'ère gomulkienne, la province polonaise recelait des trésors, à savoir les innombrables livres anciens envolés des bibliothèques des ci-devant aristocrates. Nous nous étions joints pour l'occasion à la meute des bibliophiles et des bibliomanes avisés qui s'abattaient sur la Pologne en quête d'occasions en or.

La chance allait exaucer nos vœux au-delà de toute espérance. Au détour d'une rue elle nous apparut à la devanture d'une échoppe branlante. Là, recouverte de poussière, s'étageait une pile de livres dont mon compagnon eut tôt fait de s'apercevoir qu'ils constituaient rien moins que la collection complète du célèbre mathématicien Condillac. L'édition, à en juger par la reliure, était sinon originale, à tout le moins d'époque.

Nous nous précipitâmes à l'intérieur, le cœur battant mais craignant de rater le coche faute d'avoir emporté assez d'argent. Pourtant notre entrée bruyante à souhait n'attirait personne. Nous fûmes seuls plusieurs minutes durant, l'objet de nos convoitises à portée de main, tapant du pied, toussant et parlant haut, sans que se montrât âme qui vive.

Nous allions nous retirer, nous promettant de revenir un peu plus tard, lorsque nous perçûmes enfin le bruit d'une canne frappant le dallage; quelques instants plus tard, paraissait une très vieille dame pauvrement vêtue mais au port altier et au chignon impeccable. Curieusement et, bien qu'elle fût passablement dure d'oreille, elle nous adressa spontanément la parole dans un français lent mais précis et élégant que l'on devinait appris des meilleures gouvernantes.

— Que puis-je pour vous, messieurs ?

Son visage était sans expression, recouvert seulement du voile d'une tristesse infinie. Bredouillant sous l'effet de l'excitation, forcé de se répéter pour se faire ouïr de l'octogénaire, l'ami « matheux » entreprit d'expliquer qu'il désirait à toute force acquérir les Condillac en vitrine ; qu'il était bien conscient que l'argent qu'il emportait ne pouvait suffire à en acquitter le prix mais qu'il reviendrait dès le lendemain ; que si seulement on voulait bien jusque-là les mettre de côté, il paierait le prix qu'on lui en demanderait dans la devise désirée et que, et que...

La vieille dame l'interrompit doucement :

— Les voulez-vous pour deux cents zlotys, monsieur, ou est-ce trop ?

Deux cents zlotys ! C'était notre tour cette fois de n'en pas croire nos oreilles pourtant quatre fois moins vieilles que celles de cette vénérable fée faite libraire... Dix francs français au plus mettaient tout Condillac au prix d'un roman de gare... Un sentiment de honte commençait à nous envahir devant ce qui s'annonçait comme un vol commis à l'incitation de sa victime.

Mon mathématicien qui forcément savait compter mais avait aussi de la décence, sortait les deux ou trois mille zlotys que contenait son portefeuille et s'apprêtait à batailler pour les faire accepter, même de force, par cette étrange commerçante si dépourvue de vocation. Mais la vieille dame qui avait relevé le buste et nous toisait maintenant d'un air de bonté où perçait un soupçon d'ironie nous imposa le silence d'un geste de la main ; après s'être concentrée quelques secondes pour trouver ses mots, elle prononça d'une voix lente ces phrases terribles qui devaient se graver à jamais dans nos mémoires :

— Ces livres, voyez-vous, messieurs, nos ennemis allemands les brûlaient et nos amis russes les jetaient par les fenêtres. Aujourd'hui, il ne reste plus personne ici pour les lire. Alors prenez-les s'ils vous plaisent, messieurs, et donnez-m'en deux cents zlotys. Ils suffisent.

Ces mots, le ton et le commandement majestueux de la canne qui les accompagnaient étaient sans réplique. Nous restâmes de longs instants à contempler sans mot dire cette femme, saisissante personnification du pays dont elle venait en parlant de ses livres, de ramasser le destin tragique en trois phrases bouleversantes.

Je ne sais plus trop comment nous prîmes congé mais je me souviens que nous restâmes longtemps la tête basse, arpentant les rues grises de Radom. Sans but désormais, car il n'était plus question de chasser l'occasion en or. Les Condillac, sous nos bras, pesaient de tout le poids d'une honte indéfinissable.

(Claude de GROULART)

***

Le boucher ici témoigne d'une compassion inhabituelle envers sa clientèle. Dès potron-minet, s'avisant de la queue en formation, il sort de son magasin et lance :

— Mesdames et messieurs, mon approvisionnement est limité et il n'y en aura pas pour tout le monde. En conséquence, je ne servirai pas les juifs.

Un vieillard, résigné, s'éloigne tristement. Il en a vu d'autres...

Une heure plus tard, le boucher réapparaît. La queue s'est encore allongée. Sa mine se renfrogne.

— Mon stock diminue, dit-il. Les vieux qui ont peu de besoin en protéines feraient aussi bien de s'en retourner chez eux.

Quelques dizaines de personnes se retirent en maugréant.

Au fil des heures, le boucher va licencier de la sorte les célibataires, les couples sans enfants, les mères de famille et les femmes enceintes.

Lorsqu'il paraît une dernière fois, c'est pour dire :

— C'est fini, il me ne reste plus rien. Pour personne...

Les derniers rescapés de la queue se dispersent lentement. L'un d'eux grommelle :

— Ces salauds de juifs ! Toujours avantagés...

***

Kowalski à Nowak :

— Quelle est la différence entre l'anti-sionisme et l'antisémitisme ?

— C'est simple ; si tu aimes Gomulka, tu es antisioniste ; si tu n'aimes pas Mme Gomulka, tu es antisémite...

***

Quelle est la différence entre le sionisme et le socialisme ?

— Il n'y en a pas. Tous deux ont été inventés pour

les juifs : le premier pour eux-mêmes, le second pour les autres.

***

Jacob a rencontré Isaac.

— Comment vont tes enfants ? demande le premier.

— Très bien. Ils font tous une carrière brillante. Le premier est en Tchécoslovaquie.

— Ah, et que fait-il ?

— Il construit le socialisme.

— Et le deuxième ?

— Il vit ici en Pologne : il construit le socialisme.

— Et le troisième ?

— Il est en Israël où ses affaires sont prospères.

— Il y construit également le socialisme ?

— Tu es fou ? Dans son propre pays !...

***

Ce propagandiste du Parti essaie de recruter Kowalski. En vain.

— C'est une question de piété familiale, explique ce dernier.

— Comment cela ?

— Mon grand-père était démocrate-chrétien ; mon père également et moi aussi.

— Mais enfin, camarade, nous vivons dans un monde en mutation. Les vieilles idées sont mortes. Sauf le respect dû à tes parents, c'est comme si tu me disais que parce que ton grand-père était voleur et ton père aussi que tu...

— Oh ! mais dans ce cas-là, interrompt vivement Kowalski, j'adhérerais volontiers au Parti...

***

Kowalski achète régulièrement le quotidien du Parti au kiosque de son quartier. Tout aussi régulièrement, il en déchire la première page qu'il plie sous son bras et jette à terre le reste du journal. Intrigué, le vendeur lui demande un matin la raison de ce comportement bizarre.

— Je ne m'intéresse qu'à la nécrologie, explique Kowalski.

— Mais elle figure dans les pages intérieures, répond le vendeur.

— Pas celle qui m'intéresse, rétorque Kowalski narquois... Celle-là a droit à la une !

***

L'instituteur a donné une leçon sur le communisme. Il demande aux enfants de rédiger pour le lendemain une phrase où figure le mot « communiste ». Le lendemain, l'instituteur invite Tomek à lire son texte. Celui-ci s'exécute :

— Ma chatte a mis au monde six chatons il y a trois jours ; ce sont tous de bons communistes.

L'instituteur félicite Tomek et entreprend ensuite de définir la notion de « contre-révolutionnaire ». Là aussi, il demande aux élèves de rédiger un petit texte. Le lendemain c'est encore au tour de Tomek de lire sa prose.

— Ma chatte, annonce l'enfant, a mis au monde six chatons, il y a quatre jours ; ce sont tous de bons contre-révolutionnaires.

— D'abord, sache Tomek, qu'il n'y a pas de bons contre-révolutionnaires, crie l'instituteur courroucé ; ensuite tu es parfaitement inconséquent.

Hier tu nous disais que tes chatons étaient de bons communistes. Ce sont les mêmes pourtant, non ?

— Oui, fait Tomek ; mais depuis hier, ils ont ouvert les yeux...

***

Kowalski est allé demander une augmentation à son directeur. Le montant réclamé est minime : 10 zlotys à peine par mois. Pourtant le directeur a opposé le barrage bureaucratique habituel.

— Il faut introduire une demande motivée avec précision, camarade, lui a-t-il dit.

Kowalski s'est mis à la tâche avec l'aide de son fils qui a de l'instruction. Il a ventilé son budget poste par poste, chiffrant à un zloty près toutes ses dépenses d'alimentation, de vêtements, de transports, etc. Il arrive au total de deux mille zlotys, soit exactement le montant de son salaire actuel. Il retourne chez le directeur et lui remet son pensum. Le directeur après une lecture attentive relève la tête avec un sourire ironique :

— Vous voyez bien, Kowalski : vous vous en sortez très bien avec votre salaire actuel, je ne vois donc pas pourquoi...

Kowalski qui a regardé autour de lui, à l'affût d'oreilles indiscrètes, se penche vers le bureau du directeur et murmure :

— C'est vrai, camarade, mais je voudrais vous faire un aveu...

— Ah bon, lequel ?

— Je voudrais économiser pour acheter une voiture. . .

***

Ce propagandiste du parti veut se faire entendre des esprits les plus simples.

— Le socialisme, s'écrie-t-il à l'adresse de l'auditoire rassemblé pour l'écouter, manifeste sa supériorité jusque dans les plus petites choses de la vie. Pas plus tard que tout à l'heure, l'un d'entre vous me disait qu'avant la guerre, les gens se rassemblaient pour fumer tant les allumettes étaient rares et chères. On s'efforçait d'en utiliser une pour allumer quatre cigarettes. Ce simple détail permet de mesurer le chemin parcouru...

Dans le fond de la salle Kowalski a levé la main.

— Le camarade a raison, dit-il. Aujourd'hui chacun peut se permettre de craquer quatre allumettes avant de parvenir à allumer une cigarette...

***

Celle qui suit a pour atrice principale la reine mère Elisabeth de Belgique qui fit en Pologne, durant les années cinquante, une visite remarquée. L'histoire semble avoir en fait pour origine un mot, authentique celui-là, du poète Slonimski.

La vieille reine visite Varsovie en compagnie d'une haute personnalité. Alors qu'il pénètre derrière l'illustre visiteuse dans une église, le dignitaire se signe :

— Vous êtes croyant ? interroge Elisabeth étonnée.

— Oui, mais pas pratiquant, Madame, répond l'autre embarrassé.

— Pourtant, vous êtes communiste ? insiste la reine.

— Pratiquant, oui, Madame, mais pas croyant...

***

Kowalski est un paysan modèle ; ses rendements à l'hectare sont les meilleurs de la région. Le secrétaire de la section locale du Parti qui l'observe depuis longtemps déjà projette de le recruter. Son adhésion, pense-t-il, aurait valeur d'exemple. Il s'en va donc de lui en faire la proposition.

— Kowalski, lui dit l'apparatchik, l'heure est venue pour toi, paysan d'élite, de rejoindre tes semblables. En adhérant au Parti tu feras officiellement partie, comme tu le mérites, de l'élite de la nation.

— Ben, fait le rustique un peu méfiant, ça peut se discuter...

— L'essentiel, enchaîne le secrétaire, est de faire preuve de maturité politique. Ainsi quand tu passeras devant la commission de recrutement, il importe de fournir une réponse correcte à quelques questions très simples. Par exemple, si l'on te dit : « Vous êtes placé devant deux cibles ; l'une représente Kennedy et l'autre Khrouchtchev ; on vous donne un fusil. Sur quelle cible tirerez-vous ? » Que répondras-tu ?

— Ben voyons, Khrouchtchev ! lance le cul-terreux dont l'œil s'illumine de plaisir.

Le secrétaire pousse un profond soupir.

— Allons, Kowalski, ne te laisse pas aller à des sentiments primaires. Je t'ai dit qu'il fallait faire preuve de maturité. Sois réaliste, pense à la situation géographique de la Pologne, à son Histoire. Réfléchis encore. Je reviendrai te voir.

Un mois plus tard, le secrétaire est de retour chez Kowalski.

— J'espère que tu as réfléchi et que ta maturité politique a progressé. Si je te repose la même question que l'autre fois, que répondras-tu à présent ?

— Ben, fait le rural en se grattant le nez, que répondriez-vous vous-même ?

— Quelle question ! Mais Kennedy, bien sûr, répond le secrétaire.

L'œil de son interlocuteur s'illumine de plaisir :

— Alors dans ce cas, il me resterait toujours Khrouchtchev ?

***

Profitant de l'interruption d'une longue réunion du comité central, le Premier ministre Cyrankiewicz s'est rendu dans un restaurant voisin où il a commandé une légère collation. A côté de lui, un homme, pourtant vêtu modestement, s'est offert les plats les plus chers, arrosés de vin français hors de prix. Pour l'heure, il dévore à belles dents l'oie au chou que l'on vient de poser devant lui.

— Vous avez bon appétit, camarade, fait Cyrankiewicz en souriant.

— Je ne peux pas me plaindre, répond l'homme. La Pologne socialiste m'assure une vie agréable et confortable.

— Ah bon, fait Cyrankiewicz étonné d'entendre enfin un de ses « sujets » qui ne maudisse pas son sort. Et que faites-vous dans l'existence ?

— Je suis retraité.

— Retraité ! Et vous pouvez vous offrir tout cela ?

— J'ai deux fils qui m'aident beaucoup ; l'un est maçon et l'autre chauffeur de taxi. Tenez aujourd'hui, par exemple, je peux fêter dignement mon anniversaire grâce à eux...

— C'est un bel exemple de piété filiale, en vérité

s'émerveille le Premier ministre. Mais comment se fait-il que vos fils ne soient pas à vos côtés le jour de votre anniversaire...

— Ils habitent malheureusement loin d'ici.

— En province ?

— Si l'on veut ; à Chicago...

***

Kowalski souhaite rendre visite à des lointains cousins vivant dans la partie de la Pologne annexée par l'U.R.S.S. Il a rempli le formulaire de demande de visa et est allé le rapporter à la section consulaire de l'ambassade soviétique. Le préposé parcourt attentivement le document ; il fronce soudain les sourcils.

— Je ne comprends pas, dit-il à Kowalski. A la question : « rapports à ce jour avec l'Union soviétique » vous répondez par le mot « conjugaux », qu'entendez-vous par là ?

— Eh bien, fait Kowalski, j'ai voulu dire que c'est comme avec ma femme ; des rapports, bien sûr, il y en a, mais c'est sans plaisir...

***

Isaac en a assez des persécutions antisémites dont il est l'objet. Il a décidé d'émigrer en Israël. Au bureau des passeports on l'invite à fournir ses motifs.

— J'en ai deux, précise Isaac. Tous les matins, mon voisin de palier m'adresse la parole en ces termes : « Espèce de sale youpin ; le jour où le communisme aura disparu, on aura ta peau ! »

— Ces propos sont effectivement scandaleux,

répond le fonctionnaire. Mais vous savez bien que ce sont là des menaces gratuites : notre régime socialiste est éternel et...

— C'est mon deuxième motif, interrompt Isaac.

***

Jandek Rozenblum veut quitter la Pologne pour gagner Israël. Il est convoqué par la Milice.

— Citoyen Rozenblum, lui dit un officier, vous avez rempli très incomplètement votre formulaire de demande de visa. Ainsi par exemple, la rubrique « Famille à l'étranger », vous avez omis de faire figurer l'adresse de votre tante Rachel. Or vous la connaissez... puisque nous la connaissons. Idem pour votre cousin Isaac et votre neveu Samuel. Alors un conseil, citoyen Rozenblum, reprenez ce formulaire et remplissez-le correctement. Vous nous le rapporterez ensuite, d'accord ?

— C'est que...

— C'est que quoi ? Vous n'allez pas nier que tous ces gens se trouvent à l'étranger, non ?

— Eh bien, fait Rozenblum la mine perplexe, c'est toute la question. A l'étranger, je ne sais plus très bien qui s'y trouve : eux ou moi ?...

***

Rosenbaum s'est rendu au bureau de la Milice pour demander un passeport.

— Mais pourquoi voulez-vous quitter la Pologne ? lui demande le fonctionnaire.

— Parce que j'ai peur.

— Peur de quoi ?

— Eh bien, explique Rosenbaum, depuis quelque

temps une rumeur court dans ma ville : on va tuer tous les juifs et les coiffeurs.

Le fonctionnaire éclate de rire.

— Mais c'est absurde ! Pourquoi tuerait-on les coiffeurs ? Je ne vois pas ce qui peut vous effrayer dans ces racontars ?

— Ce qui m'effraye, rétorque Rosenbaum, c'est que personne, jamais personne ne demande « pourquoi tuerait-on les juifs ? »...

***

— Quand pourrais-je venir retirer mon passeport ? demande le candidat au départ à l'employé.

— Dans trois ans, lance celui-ci.

Rosenblatt soupire :

— Le matin ou l'après-midi ?

***

— Pourquoi quittez-vous la Pologne ? demande le fonctionnaire du bureau des passeports à Liebermann.

— Parce que je préfère les ennemis d'Israël aux amis de la Pologne...

***

Le kolkhoze à confesse.

L'anecdote que j'ai voulu rapporter ici illustre sur le mode comique l'attachement émouvant des Polonais contre vents et marées à leur foi séculaire. Elle témoigne également de l'ingéniosité dont ils savent faire preuve pour la préserver et pour se conformer à ses commandements. La débrouillardise ne se limite pas chez eux à la quête de la viande, du chocolat ou des dollars. Cette petite histoire vécue leur en donne acte.

Depuis quelques années déjà, j'avais élu le petit port de pêche d'Ustka pour lieu de vacances. L'endroit offrait le calme et le repos en même temps que les charmes d'une plage magnifique, presque inviolée, qui jouxtait le port. Aux agréments du site, s'ajoutait pour moi celui de résider chez l'habitant, en l'occurrence un capitaine à la retraite qui avait servi dans l'armée du général Berling.

Il gérait l'unique point de vente de charbon de la région, ce qui lui valait les « petites attentions » de ses clients généralement sous la forme de poisson frais qu'il partageait volontiers avec ses locataires estivants.

Cet homme, aux états de service remarquables, était l'un des très nombreux Polonais originaires des territoires de l'Ukraine occidentale annexés par l'Union soviétique au lendemain de la guerre. Sa famille avait eu moins de chance que lui : elle avait été déportée avec le reste de leur village dans un kolkhoze du Kazakhstan dès l'arrivée de l'Armée rouge en septembre 1939.

Or, en cet été de 1962, le capitaine M... était tout à la joie que lui causait la visite imminente de ses vieux parents enfin autorisés à sortir d'U.R.S.S. au lendemain de la déstalinisation. De fait, un beau matin nous vîmes arriver un vieux couple chargé de lourds bagages. Le capitaine M... me confia en riant que ses parents, en plus de leurs effets personnels, avaient cru bon d'amener un immense sac de farine et un bidon de lait de vingt litres rempli de beurre salé. Moins bien informés que les habitants de Leningrad ou de Moscou des réalités de la vie quotidienne dans les pays frères, les parents de M..., se fondant sur leurs propres conditions d'existence voisines de la misère et sur la lourde insistance des médias à souligner l'aide « fraternelle et massive » de l'Union soviétique à la Pologne, étaient arrivés à la conclusion que leur pays d'origine devait connaître une situation voisine de la famine...

Compte tenu de ce qu'ils s'attendaient à découvrir, les magasins d'Ustka leur firent l'effet de la caverne d'Ali Baba. Mais incapables ou peu désireux de remettre en question les certitudes tirées de la parole officielle, ils décrétèrent que cet état de choses était lié à la présence dans le coin de touristes et de vacanciers. Leur fils, tout à la joie des retrouvailles, jugea inutile de leur ouvrir les yeux.

Au reste, les préoccupations des parents de M... étaient d'un autre ordre, celles de la mère surtout. Dès le lendemain de son arrivée, la vieille s'enquit de savoir où se trouvait l'église locale et surtout si elle était ouverte au culte. Le capitaine s'employa à la rassurer sur-le-champ, lui fournissant même les heures des messes. Elle manifesta aussitôt son désir de se rendre l'après-midi même à la maison de Dieu.

La piété de la brave femme, si longtemps frustrée, nous parut des plus vives car au bout de quatre heures, elle n'avait pas encore reparu. Ustka n'est pas bien grand mais malgré une longue battue, nous avions perdu sa trace et commencions à nous inquiéter. Ce n'est qu'au soir tombant, que revenus dans l'église nous la vîmes sortir d'un confessionnal visiblement satisfaite et rassérénée.

— Ne te moque pas, ne te moque pas, je t'expliquerai plus tard, répétait-elle sur le chemin du retour à son fils qui la plaisantait gentiment sur la liste apparemment interminable de ses péchés.

Ce n'est que longtemps après le repas que, pressée de questions, elle consentit enfin à expliquer la longueur insolite de ses dévotions.

Elle nous confia que dans son lointain kolkhoze, les paysans, tous Polonais d'origine, ne disposaient pas d'un lieu de culte. Pour l'administration des sacrements, ils avaient recours, faute d'autres ministres plus qualifiés, à un prêtre défroqué que les autorités locales avaient bombardé chef comptable de la ferme collective. L'homme baptisait, mariait et confessait de son mieux sans cependant rassurer pleinement ses ouailles sur les vertus et l'authenticité des sacrements qu'il dispensait de la sorte à la sauvette.

Dès lors, apprenant que les M..., élus du destin, bénéficiaient de la grâce insigne de revoir la vieille mère patrie, les kolkhoziens avaient tout bonnement décidé de se confesser par leur truchement. Pour ce faire, ils remettraient la liste de leurs péchés à la vieille dame. Mais il ne pouvait être question de les lui faire apprendre par cœur ; outre le souci de discrétion, les kolkhoziens étaient beaucoup trop nombreux, de même leurs manquements divers accumulés en vingt ans. Ils les avaient donc couchés par écrit. Encore fallait-il trouver un « support » aisément transportable par les voyageurs déjà chargés de nourritures terrestres pour leur fils — et surtout propre à ne pas éveiller la méfiance des douaniers et des gardes-frontières. Les kolkhoziens avaient dès lors imaginé de confectionner un rouleau de papier, fort semblable à celui dont on se sert ordinairement à des fins éminemment profanes... et la vieille dame avait tout bonnement fourré le rouleau à l'endroit le plus plausible qui fût en cas de fouille, c'est-à-dire sous sa jupe !

Le curé d'Ustka, se rappelant que les voies du Seigneur sont impénétrables, avait jugé des fins, non des moyens. Il avait donc entendu, ou plutôt lu, la confession et avait accordé l'absolution. Collective... comme il se doit pour un kolkhoze !

(Henryk KURTA)

***

Beaucoup de paroles et de gestes de De Gaulle iront droit au cœur des Polonais lors de la visite qu'il leur rend en septembre 1967, notamment sa manière spectaculaire et sans détour de reconnaître la ligne Oder-Neisse. Mais un trait qui stupéfie les foules est l'aptitude du vieil homme à s'exprimer en public, parfois des heures durant, sans recourir à un texte écrit et sans pour autant aligner des banalités. Ainsi à Cracovie, devant une foule qui s'attendait aux paroles convenues sur l'amitié franco-polonaise et les vertus de la détente, le président français se met à disserter longuement de l'histoire prestigieuse de l'Université locale dont il exalte le rayonnement dans des considérations érudites prononcées sans le secours du moindre papier.

Ce talent déconcerte les Polonais accoutumés à voir leurs dirigeants les yeux rivés à leurs textes même lorsque ceux-ci, le plus souvent, ne sont que la répétition des formules clichées de la langue de bois. Cet étonnement admiratif va donner naissance à une série d'histoires drôles dont les dirigeants du moment feront les frais et notamment Ochab, alors président du Conseil d'Etat et chargé à ce titre (équivalent à celui de président de la République) d'accueillir l'illustre visiteur.

*
* *

Rentré chez lui au terme de la première journée de la visite du général marquée par les cérémonies d'accueil à l'aéroport, (N.D.L.R. où de Gaulle a prononcé plusieurs phrases en polonais sans qu'il ait été capable de lui rendre la politesse en français), Ochab a revêtu son pyjama et s'est approché près du lit conjugal où repose déjà son épouse, lorsqu'un grand trouble le saisit. Il fouille fébrilement les poches de son vêtement de nuit à plusieurs reprises. Enfin soulagé, il en extrait un bout de papier froissé. Se penchant alors tendrement vers Mme Ochab, il murmure les yeux collés au billet :

— Bonsoir, Rosalie...

*
* *

Après les cérémonies de l'aéroport, de Gaulle est monté en voiture avec Ochab.

— J'aurais voulu prononcer quelques phrases de plus dans votre belle langue, dit le général, mais elle est bien difficile et...

— A qui le dites-vous, soupire Ochab.

*
* *

Esclave du protocole, Ochab présent pour accueillir le général est allé aussi le saluer à son départ. Comme lors de l'arrivée, il lit consciencieusement son texte. De Gaulle, une fois de plus, répond sans notes.

— J'en étais persuadé, souffle l'ambassadeur soviétique à l'oreille d'Ochab. Ces dirigeants occidentaux sont analphabètes : ils ne sont même pas capables de lire un texte officiel...

***

Zenon Kliszko, numéro 2 effectif du régime sous Gomulka est reçu par de Gaulle. La conversation porte sur la comparaison entre les systèmes polonais et français d'éducation.

— Depuis longtemps déjà, affirme Kliszko, nous avons extirpé l'analphabétisme du pays.

— Je vous en félicite, répond de Gaulle. Pour notre part, en France, nous comptons encore un certain nombre d'illettrés ; nous avons toutefois réussi à les éliminer du gouvernement...

***

Cette autre histoire tout à fait véridique elle aussi, témoigne mieux encore qu'une blague du crétinisme engendré par la caporalisation des esprits.

Las de se raconter des blagues, ce journaliste et ses amis ont décidé d'en faire une. L'occasion est propice car la météo annonce pour le surlendemain une éclipse totale sur presque toute la Pologne. L'histoire se passe en 1955, période stalinienne, ce qui en explique le dénouement burlesque.

Une des jeunes filles du groupe appelle au téléphone le Comité central du Parti de Wroclaw. Elle demande à parler au Premier Secrétaire régional de la part du Comité central de Varsovie.

Par chance, l'intéressé est présent et prend la communication.

— Je vous passe le camarade Waszczuk, fait la jeune fille cédant le combiné au journaliste.

— Ici Waszczuk, dit ce dernier. Par décision du Comité central et en raison du caractère négatif du phénomène, l'éclipse de demain est annulée. Prénez les dispositions nécessaires auprès des médias sous votre contrôle.

Sans attendre la réponse, le journaliste a raccroché.

Le lendemain, les joyeux compères excités parcourent en hâte les journaux de la ville et de la province et ils partent d'un ultime éclat de rire : aucun ne mentionne l'éclipse du jour suivant !

CHAPITRE IV

Histoires de manque...

« L'homme ne vit pas seulement de pain », écrivit un jour un romancier soviétique ; mais il en vit aussi, lui répondrait volontiers l'homme de la rue, n'importe où dans le « camp socialiste ». Quant au Polonais, qui passe à juste titre pour être particulièrement attaché aux valeurs spirituelles et qui fait souvent preuve d'un dédain affiché des contigences matérielles, il n'en est pas moins un être de chair et de sang, pourvu comme tous ses semblables, d'un estomac. Et c'est bien l'impossibilité chronique de remplir convenablement ce dernier — en quantité quelquefois mais le plus souvent en qualité —, qui explique l'impopularité permanente du système.

Le consommateur, d'une façon générale, dans les pays de l'Est est un mal aimé et un gêneur. Le touriste occidental le plus distrait et le mieux disposé l'aura remarqué, quelquefois à ses dépens... Cette situation tient à des facteurs qui caractérisent l'ensemble des économies des pays de l'Est. Ces facteurs ont été abondamment décrits dans la presse et les ouvrages spécialisés. Nous ne pouvons ici que les énumérer pêle-mêle sans avoir la prétention d'être complets : production insuffisante de l'agriculture collectivisée ; productivité faible de l'industrie ; liaison tantôt inexistante, tantôt insuffisante entre les salaires et le rendement du travailleur ; ignorance délibérée des exigences du consommateur dans un système qui n'est pas régi par l'économie de marché (la loi de l'offre et de la demande) ; poids d'une bureaucratie qui paralyse toute initiative et prive les entreprises de toute responsabilité ; priorité sans cesse accordée à l'industrie lourde où l'Etat voit la source de sa puissance ; enfin le fardeau d'une force militaire qui absorbe le plus clair des ressources et des talents.

Tous ces phénomènes sont naturellement présents dans l'économie polonaise ; mais c'est sous Gomulka, quand le régime prend sa vitesse de croisière que ses performances ou pour mieux dire, ses contre-performances, deviennent tout à fait révélatrices de la réalité polonaise.

Et d'emblée une première constatation s'impose : la décollectivisation des terres n'a pas résolu le problème agraire. Les paysans, astreints à des quotas de livraisons obligatoires qui leur sont payés par l'Etat à un tarif fixé par ce dernier, sont peu motivés et sous-produisent.

Par ailleurs, un problème structurel handicape l'agriculture polonaise : l'influence de l'Eglise et le caractère relativement peu attractif du mode de vie urbain maintiennent à la terre un nombre excessif de personnes. Il en résulte un morcellement grave des exploitations dont beaucoup ne dépassent pas cinq hectares.

L'introduction de la mécanisation s'en trouve freinée ; elle le sera d'autant plus que le régime, pour des raisons idéologiques, favorise les exploitations collectives qui subsistent mais qui, peu motivées elles aussi, fournissent un rendement à l'hectare souvent inférieur encore à celui des petits paysans.

La faiblesse du secteur agricole aura vite des conséquences négatives aggravées par la politique d'industrialisation suivie par les régimes successifs de Gomulka et de Gierek. Cette déficience de l'agriculture est la cause directe, sinon unique, des pénuries alimentaires. Mais on ne prête qu'aux riches et pour le Polonais moyen, peu versé dans les subtilités de l'économie, la cause de tous ses maux est le pillage éhonté des ressources de son pays auquel se livre « Big Brother » régulièrement accusé de prélever directement — de voler disent les Polonais —, d'énormes quantités de produits alimentaires et de biens de consommation sur le marché des pays satellites. La réalité est plus complexe.

Certes l'impérialisme soviétique existe bel et bien mais il s'exerce d'une façon plus subtile. Son instrument le plus efficace est le rouble transférable, appellation cocasse puisque le rouble en question ne peut être converti en devises fortes utilisables dans les échanges avec les pays extérieurs au bloc. L'U.R.S.S. contraint les pays frères à accepter, en paiement des marchandises qu'elle leur achète, une monnaie dont ils ne pourront faire usage qu'à l'intérieur du Comecon. Ce n'est qu'au-delà d'un certain quota de livraisons que lesdites marchandises seront — enfin — payées en dollars.

A l'instar des autres pays satellites, la Pologne fabrique des produits incorporant des technologies ou des équipements achetés en devises fortes et vend ensuite ces produits contre des roubles à ses clients de l'Est. Le meilleur exemple est fourni par les chantiers navals de la Baltique. Les importantes commandes de bateaux par l'Union soviétique fournissent certes de l'emploi aux chantiers et à la métallurgie polonaise. Mais les chalutiers livrés à cet important client contiennent des appareillages sophistiqués chèrement acquis à l'Ouest et qui anéantissent les profits retirés de la vente en roubles des navires...

Pour remédier à cette situation et sortir du marasme qui caractérise la fin de l'ère Gomulka, Gierek va lancer un pari audacieux : relancer la machine économique en stimulant les travailleurs par des méthodes empruntées... au capitalisme. Pour ce faire, il commence par jeter sur le marché d'assez grosses quantités de produits occidentaux importés — des bananes à la lingerie féminine en passant par l'électroménager allemand et japonais —, inconnus jusque-là du consommateur. Ce dernier, pense Gierek, pourra enfin se servir de l'argent qu'il gagne pour acheter autre chose que les produits nécessaires à sa subsistance et à ses besoins élémentaires. Dans un deuxième temps, la Pologne achètera massivement des brevets, des licences, des usines clés en main, etc. ; cette technologie occidentale, servie par une main-d'œuvre enfin motivée devrait à son tour alimenter le marché intérieur et augmenter encore « la motivation » des travailleurs. Les surplus par rapport aux besoins du marché intérieur seront exportés et dégageront les ressources nécessaires pour rembourser les coûteux emprunts qu'il aura fallu contracter pour mettre en marche cette belle mécanique.

Hélas, ne fait pas du capitalisme qui veut. La belle mécanique va vite s'enrayer par suite des « vices » inhérents au système. Une mauvaise prospection des marchés de l'Ouest et l'incompétence des ministères qui coiffent les entreprises conduisent à des achats de brevets inadaptés, voire périmés, ainsi qu'à des délais trop longs entre l'achat et la mise en œuvre de ces nouvelles technologies. Les éléments dogmatiques du Parti refusent une liaison trop poussée des salaires au rendement et l'octroi de vraies responsabilités de gestion aux entreprises. Enfin, la crise économique qui frappe l'Occident freine les possibilités d'exportation. Dès 1974, la machine se dérègle ; la dette augmente vertigineusement.

Cette situation relance sans cesse la chasse aux dollars à laquelle se livrent les autorités et la population et qui a pour conséquence de perturber gravement le circuit économique interne. Pour mieux saisir cet aspect des choses, il importe de mentionner une réalité très particulière à la Pologne, à savoir l'existence concurrente de deux monnaies. Tous les touristes connaissent ces magasins qui, dans les pays socialistes, vendent contre des devises fortes un certain nombre de produits importés de l'Ouest. Partout, sauf en Pologne (ultérieurement, durant une certaine période en Allemagne de l'Est également), ces magasins ne sont accessibles qu'aux étrangers et, en « catimini » à un très petit nombre « d'indigènes » privilégiés. En Pologne, ils sont ouverts à tous, sans que quiconque ait à fournir une explication sur l'origine des devises (le plus souvent des dollars) qu'il dépose à la caisse en paiement de ses achats.

L'existence de ces magasins, appelés « Pewex » a donné naissance à un colossal marché noir dont le but est l'acquisition du précieux billet vert par tous ceux qui n'ont pas la chance d'en recevoir d'un oncle d'Amérique, d'Angleterre, ou de France (c'est pour éponger ces très généreux cadeaux de la diaspora que les Pewex furent ouverts à tous) et qui sont prêts dans ce but à offrir une quantité de zlotys équivalente à au moins quatre fois le cours officiel de la devise américaine !

Ce réseau parallèle serait de peu de conséquence s'il permettait d'acquérir seulement quelques gâteries ou produits de luxe tels qu'alcools, cigarettes, chocolats ou parfums étrangers. Mais il s'agit en fait d'un véritable circuit économique autonome où se retrouvent des articles aussi nombreux et variés que les vêtements, les voitures, les aliments pour bébés, les produits d'entretien, etc. Toute marchandise manquante dans le « circuit zloty » fait automatiquement son apparition sur le « circuit dollar » auquel le consommateur est contraint de recourir pour se procurer des matières premières ou des produits pourtant purement polonais comme le ciment, le charbon ou les voitures.

Une situation complètement chaotique et inflationniste se crée ainsi. Les hausses de salaires accordées afin de stimuler la production par la demande ne correspondent pas à un accroissement réel de la productivité pour les raisons que nous avons énumérées ; elles créent une masse monétaire excédentaire que les autorités absorbent en fixant « de facto » les prix de nombreux produits à partir de leur valeur estimée en dollars, ratifiant ainsi le cours « noir » du zloty.

Toutefois, ces mêmes autorités n'osent pas augmenter le prix des denrées alimentaires de base, de crainte de réduire dramatiquement le niveau de vie de tous ceux qui ne bénéficient pas de la prospérité factice créée par l'inflation. Ces denrées resteront donc l'objet de subventions massives. Leurs prix artificiellement bas drainent vers eux la masse d'argent qui aurait dû se porter sur les produits manufacturés (électroménager, voitures, etc.). Mais l'insuffisance de la production agricole perpétue la pénurie dans le secteur des produits alimentaires. Et cette pénurie engendre une psychose (manifeste dans nos histoires), qui justifie la trop forte demande dont ces produits font l'objet. La peur de manquer pousse la ménagère — lorsqu'elle atteint enfin le comptoir du boucher au terme des queues légendaires —, à acheter bien au-delà de ses besoins quotidiens. Sur un marché au départ tendu, cette psychose de la pénurie aggrave le mal contre lequel le consommateur veut se prémunir. C'est le cercle vicieux ; celui-là même dont Jaruzelski tentera de sortir par des hausses de prix colossales affectant l'ensemble des produits. Sans succès d'ailleurs, faute de crédits occidentaux et d'une remotivation des travailleurs.

Les conséquences de l'échec du parti de Gierek ne sont pas seulement d'ordre économique. Elles affectent gravement le comportement collectif et individuel des citoyens. Aucun moyen n'est écarté, même les plus illicites, pour se procurer « ces sacrés dollars » : accaparement des marchandises par ceux qui sont bien placés dans le circuit de la production et de la distribution, trafic d'influence, vols et détournements de toutes sortes, prostitution, etc. La « combinazione » est reine et fait de la Pologne une version socialiste de l'Italie du Sud...

La pratique du deuxième, voire du troisième emploi et des « petits boulots au noir » se généralise, engendrant un taux incroyablement élevé d'absentéisme au travail encore accru, surtout chez les femmes, par le temps passé dans les queues. Des écarts scandaleux se créent entre ceux qui, par la nature de leur travail ou leur position sociale, sont en mesure de monnayer chèrement leurs prestations ou les « petits services » qu'ils rendent, et les autres qui ne peuvent vivre que d'un seul salaire et n'ont rien à vendre en dollars. Le sort des retraités, déjà précaire, deviendra tragique. Ce marasme, il faut le souligner, n'atteint pas le citoyen seulement en sa qualité de consommateur de produits, mais aussi en tant qu'utilisateur de services. Le régime, sans cesse à court de moyens ne parviendra pas plus à conjurer la pénurie de logements que celle de viande. Les équipements collectifs restent trop peu nombreux (crèches) ou sous-équipés comme l'atteste l'état lamentable des hôpitaux.

***

Telle est la toile de fond des histoires drôles de cet important chapitre. Si la pénurie la plus souvent évoquée est celle de la viande, c'est en raison de sa permanence et des frustrations particulières qu'elle engendre. La boucherie vide acquiert peu à peu valeur de symbole. Elle résume dans l'esprit de chacun l'état général de l'approvisionnement et le rapport du producteur et du consommateur en régime socialiste. Très souvent dans nos blagues, le mot viande pourrait être remplacé par ceux de sucre, beurre, huile, poudre à laver, œufs, dentifrice, etc., selon les époques. Quant à la lourde et cruelle ironie des « histoires » de ce chapitre, elle s'explique par le contraste entre le vécu quotidien du citoyen consommateur et les litanies de la langue de bois des média et des « apparatchiki » du pouvoir qui continuent imperturbablement de vanter les mérites du système à l'aide d'un jargon incompréhensible (dont on verra l'illustration plus loin) pour

« expliquer » les « difficultés passagères » d'une économie en catalepsie permanente.

***

Popov, physicien en nucléaire depuis vingt ans au service du K.G.B., a enfin mis au point l'arme absolue : la super-bombe à neutrons miniaturisée. Andropov, le cœur battant, s'est précipité chez Brejnev :

— Vous rendez-vous compte, camarade Premier Secrétaire ? La possibilité nous est donnée de détruire immédiatement les Etats-Unis sans guerre donc sans représailles. Sans risques non plus de contamination de la planète et en nous emparant de toutes leurs ressources intactes.

— Comment cela ? fait Brejnev.

— Le plus simplement du monde. Vingt-cinq bombes logées dans des valises disposées aux quatre coins du pays explosant au même moment et c'en sera fini de la puissance ennemie !

— Est-ce possible ? fait Brejnev incrédule.

— Absolument. Tout est en place. Nous avons fabriqué les engins, j'ai prévu le moyen de les introduire sur le sol américain et nous avons les agents volontaires pour les amener dans les différentes consignes de gare choisies...

— Mais le secret, le secret, murmure Brejnev, rêveur ; comment garder le secret ?

— Mais c'est l'affaire de quelques jours et...

— Quelques jours, Andropov, s'exclame Brejnev effaré, pour trouver 25 valises ! Comme vous y allez...

***

Nowak a rencontré son ami Kowalski.

— Tiens, lui dit-il, la radio annonce l'arrivée d'un convoi entier de chaussures soviétiques.

Le visage de Kowalski s'éclaire.

— Et on va les mettre tout de suite sur le marché ?

— Non. Elles repartiront en U.R.S.S.

— Mais alors, pourquoi les amener en Pologne ?

— Pour les ressemeler...

***

Diogène est ressuscité et la nouvelle se répand comme une traînée de poudre. Mais les dieux ont commis une légère erreur dans le calcul de la trajectoire de retour du vieux philosophe et celui-ci, au lieu d'atterrir dans sa Grèce natale, se retrouve dans la Bulgarie voisine.

Le gouvernement de Sofia prévenu par Zeus se met aussitôt à la recherche de l'illustre sage. Reçu en grande pompe par les autorités, Diogène est renvoyé ensuite à Athènes où l'attend la presse mondiale.

— Vous revenez de Bulgarie, y avez-vous cherché un homme ?

— Oui...

— Et l'avez-vous trouvé cette fois ?

— Non, soupire le philosophe, mais là-bas je n'avais vraiment pas de chance...

— Comment cela ?

— Je n'ai même pas trouvé de lanterne...

***

Pourquoi le Comecon marche-t-il moins bien que le Marché commun ?

— Parce qu'il fonctionne sur les bases suivantes :

le fair-play soviétique, la subtilité allemande, le courage tchèque, l'honnêteté roumaine, l'intelligence bulgare, la langue hongroise et les conseils des économistes polonais...

***

Nowak, bon membre du Parti, fait la queue à l'épicerie. Une cliente devant lui demande du thé.

— Grâce à Dieu nous en avons, fait la vieille vendeuse.

La cliente suivante réclame du sucre.

— Grâce à Dieu, nous venons d'en recevoir, dit la vendeuse.

C'est maintenant au tour de Nowak d'être servi. Agacé, il lance :

— Cessez donc d'attribuer à Dieu tout ce que nous avons réussi à obtenir grâce à l'action du Parti et au labeur des masses. Et tant que vous y êtes, donnez-moi cent grammes de beurre.

— Du beurre ? Grâce à l'action du Parti et au labeur des masses nous n'en avons plus...

***

Mme Kowalski est entrée à l'épicerie.

— Il n'y a pas de beurre ?

— Non, ici c'est « il n'y a pas de viande », « il n'y a pas de beurre » c'est en face.

***

Mme Kowalski dans une mercerie :

— Avez-vous des bas ?

— Pas encore.

— Bien, soupire la cliente. Je reviendrai quand il n'y en aura plus...

***

Kowalski est rentré chez lui avec aux lèvres un sourire heureux. Il embrasse sa femme tendrement.

— Je ne sais pas si tu te rends compte, mon amour, lui dit-il, mais si nous ne vivions pas en régime socialiste, nous aurions peut-être déjà divorcé...

— Andrzej chéri, se récrie sa jeune épouse, comment peux-tu dire une chose pareille ! Moi, je t'aimerai partout au monde autant qu'ici et...

— Sans doute, sans doute, ma chérie et moi aussi, interrompt Kowalski. Mais imagine une seconde que nous vivions en régime capitaliste, eh bien je te le dis, nous nous disputerions sans arrêt !

— Et pourquoi cela ?

— Tu vas comprendre par des exemples. Imagine que nous vivions en régime capitaliste. Un matin, je veux te faire un cadeau et je t'achète une nouvelle voiture ; tu la regardes à peine et tu me dis que sa couleur n'est pas assortie à ta robe. Pour me rattraper, je te ramène le soir une rangée de perles et tu me fais comprendre que tu aurais préféré un solitaire. A ton tour, tu décrètes que nous irons en Sicile pour les vacances et c'est à moi de te faire la gueule parce que je m'étais mis en tête d'aller chasser en Ecosse.

— J'avoue que je ne te suis pas très bien, Andrzej chéri ; tout ce que tu me dis me laisse un peu étourdie et...

— C'est sans importance, mon amour, répond Kowalski qui se penche à nouveau pour embrasser sa moitié. Tiens, regarde plutôt ce que je nous ai ramené pour dîner : une livre de harengs, tu te rends compte !

Mme Kowalski a joint les mains en extase :

— Andrzej chéri, quelle merveilleuse surprise, quel bonheur !

— Eh bien, tu la vois maintenant la supériorité du socialisme, fait Kowalski tendrement : tu ne m'as même pas rappelé que tu préfères le cervelas...

***

La différence entre le soleil et le charbon polonais ?

— Le soleil se déplace d'est en ouest...

***

Question de Radio-Erivan :

— Est-il vrai qu'il y a toujours des queues en Pologne ?

— Non ; seulement lorsqu'il y a de la marchandise...

***

Au cours de langue maternelle, l'institutrice interroge Tomek :

— Tomek, comment écris-tu les mots « être humain » au pluriel ?

— Tomek réfléchit quelques secondes et épelle lentement :

— Q,U,E,U,E.

***

La leçon d'anatomie historique.

Nouveauté : grand choix de vues fixes de viandes!

«Vive l'amitié entre les moutons et les loups!!!»

— Tonton, il ne veut pas jouer avec moi!

– Mon fils, tout cela sera à toi un jour!

– Cela s'appelle situation géographique!

Du cycle: Dialogue entre Polonais.

– Je fais tout ça pour que la Pologne soit aux Polonais!

La Commission d'Education Nationale.

«J'ai été avec le parti.
J'ai été avec Solidarnosc!
Maintenant je suis avec la junte!»

– Regardons la vérité en face!

– Bon, maintenant, M. Walesa, si nous reprenions le dialogue entre Polonais!

Kowalski ramène de Chicago son lointain cousin Nowak. Nowak est impatient d'arriver : c'est son premier voyage dans la vieille mère patrie. Il scrute par le hublot l'approche de Varsovie et regarde fréquemment sa montre.

Enfin, il voit l'hôtesse approcher du micro.

— Nous arrivons, fait-il à Kowalski. Elle va nous dire d'attacher nos ceintures...

— Non, soupire l'autre, de les serrer...

***

Pourquoi tout va-t-il si mal en Pologne (bis) ?

— Parce qu'au lieu de s'attaquer d'abord à l'alcool, on a commencé par les zakouskis...

***

Nowak rencontre Kowalski particulièrement déprimé.

— Tu en fais une tête, lui dit-il. Pour quelqu'un qui va se marier le mois prochain !

— Mais c'est justement cela, mon vieux, qui...

— Quoi ? Cela ne gaze plus entre Anna et toi ?

— Mais si, mais si ; cela gaze même tellement qu'il est impossible de retarder le mariage, si tu vois ce que je veux dire...

— Très bien, mais alors pourquoi cette tête ?

— Parce qu'à deux, à l'extrême limite, nous aurions pu loger chez mes parents, mais à trois, cela sera impossible et je ne sais vraiment pas où nous allons aller...

— Et chez tes beaux-parents ?

— Ils vivent déjà chez les leurs...

*
* *

La vieille Janka est descendue des Tatras jusqu'à Cracovie. Déambulant dans les rues de la ville, elle tombe en arrêt devant une boutique élégante dont la devanture est garnie d'articles extraordinaires : alcools et parfums étrangers, café, chocolat, chaussures de cuir, vêtements importés, etc. Janka se précipite dans le magasin.

— Combien coûtent ces chemises que vous avez en vitrine ? demande-t-elle à la vendeuse.

— Sept dollars.

— Mais je n'ai que des zlotys et...

— Désolée, nous sommes un « Pewex » et nous n'acceptons que des monnaies étrangères, de préférence des dollars.

— Mais ces mouchoirs ?

— C'est pareil, madame, ils coûtent un dollar pièce.

— Et les chaussures aussi ?

— Oui, madame, elles valent quinze dollars.

Janka soupire et se dirige lentement vers la sortie.

— C'est égal, murmura-t-elle, ils sont quand même forts, ces Américains : ils ne sont même pas encore arrivés et ils ont déjà leurs magasins...

*
* *

Nowak, architecte, entreprend d'expliquer à son cousin Kowalski, un peu demeuré, ce qu'est le plan quinquennal.

— Tiens, lui dit-il, regarde cet immeuble dont j'ai tracé les plans. Il est haut de cinq étages. Or, nous sommes à la fin de la première année du Plan. Dans quatre ans, si nous parvenons à respecter les normes prévues, l'immeuble comptera vingt-cinq étages.

— Et c'est vrai dans tous les domaines ?

— Dans tous les domaines, opine Nowak.

Sitôt rentré chez lui Kowalski brûle de communiquer à sa moitié sa science toute neuve.

— Je vais prendre un exemple qui t'est familier, lui dit-il. Prends la queue chez le boucher...

— Elle était encore bien longue ce matin, soupire Mme Kowalska.

— Eh bien si dans quatre ans, le Plan est réalisé, elle sera cinq fois plus longue encore...

***

Pourquoi y a-t-il pénurie de literie en Pologne ?

— Il ne s'agit pas d'une pénurie mais de l'exécution du Plan. La literie est désormais inutile : les sportifs reposent sur leurs lauriers, le Parti veille, l'armée est debout l'arme au pied, les intellectuels sont assis au banc des accusés et les consommateurs ont été envoyés sur les roses...

***

Kowalski à Nowak :

— Sais-tu que le cinéma polonais va à son tour produire des films catastrophes ?

— Vraiment ?

— La commission de censure vient d'approuver le premier scénario proposé par notre grand Zanussi.

— Ah bon, et il raconte quoi ce scénario ?

— La collision entre la queue pour la viande à Varsovie et la queue pour le beurre à Lodz...

***

Mme Kowalska a envoyé son beau-père aux commissions ; le pépé vient tout juste de prendre sa retraite et il a le temps de faire la queue. Quand arrive enfin son tour à la boucherie, il demande du bœuf, de la bavette très précisément.

— Il n'y en a pas, répond une vendeuse revêche.

— De l'aloyau alors ?

— Il n'y en a pas.

— Du jarret ?

Les vendeuses agacées se bornent à faire « non » de la tête.

— Du gigot de mouton ?

— ...

— De la mortadelle ?

— ...

— De la rosette ?

— ...

Kowalski grand-père énumère ainsi toutes les parties comestibles des animaux de boucherie et toutes les sortes de charcuterie. En vain. De guerre lasse et dépité, il s'en va.

— Quel emmerdeur, s'écrie la plus jeune des vendeuses.

— C'est vrai, répond la plus âgée d'un ton rêveur. Mais tout de même, quelle mémoire !

***

— Mais pourquoi toujours ces pénuries de viande en Pologne ?

— Parce que le pays progresse trop vite vers le socialisme pour que le bétail puisse suivre...

*
* *

Un étranger dans la rue s'est approché de Kowalski :

— Pardon, monsieur, j'aimerais acheter un livre de cuisine polonaise. Certaines personnes m'ont dit que ce genre d'ouvrage n'était plus édité en raison des pénuries alimentaires et que...

— C'est faux, interrompt Kowalski. Vous avez été abusé par des éléments subversifs intéressés à répandre des calomnies anti-socialistes. De nombreux livres de cuisine existent en Pologne.

— Mais où ? J'ai déjà fait plusieurs librairies...

— Allez dans une librairie universitaire. Vous trouverez ce que vous cherchez dans au moins deux départements...

— Lesquels ?

— « Histoire » et « Science-fiction »...

*
* *

Kowalski voit enfin arriver son tour à la boucherie.

— Donnez-moi le « petit malin », dit-il à la vendeuse.

— Le quoi ? fait-elle interloquée.

— Le petit malin, répète Kowalski, désignant le dernier saucisson pendu à un crochet derrière le comptoir.

— Vous voulez dire ce saucisson, c'est du vulgaire...

— Vulgaire, c'est pas si sûr, fallait quand même qu'il soit drôlement futé pour parvenir à rester au pays...

***

Kowalski discute le coup avec Nowak.

— C'est curieux : on devrait tout de même être à la bonne, nous les Polonais. Nous avons nos hommes partout : Brzezinski et Muskie à Washington, Wojtyla à Rome, Poniatowski à Paris.

— Sans doute, sans doute, fait Nowak, mais tant que nous traiterons les hommes comme du bétail, rien ne marchera.

— Que veux-tu dire ?

— Que le meilleur va à l'exportation.

***

Le capitalisme, le socialisme et le communisme se sont donné rendez-vous pour discuter de leurs mérites respectifs. Mais le socialisme est en retard. Il arrive enfin tout essoufflé.

— Pardonnez-moi, dit-il, j'ai dû faire la queue pour du jambon.

— Une queue ! Qu'est-ce que c'est ? interroge le capitalisme.

— Je vous l'expliquerai, fait obligeamment le communisme, mais j'aimerais qu'en retour on me dise ce qu'est le jambon.

***

La scène se passe longtemps après l'an deux mille. Le Parti a proclamé depuis quelques années l'avènement du communisme intégral. L'état de l'économie polonaise en effet permet — enfin — la réalisation du postulat bien connu : à chacun selon ses besoins.

Le petit Tomek interroge son papa à propos de sa dernière leçon d'Histoire :

— Papa, la maîtresse, pour parler de l'ancien temps, a employé un mot que je n'ai pas bien compris : argent, je crois. Qu'est-ce que c'est ?

— L'argent, explique le père, c'était soit des morceaux de métal, soit de papier, que l'on distribuait, en contrepartie de leur travail, aux gens qui, ensuite, se rendaient dans les magasins.

— Papa, qu'est-ce que c'est les magasins ?

— Eh bien, c'était les endroits qui existaient encore quand j'avais ton âge et où les gens se rendaient pour échanger leur argent contre des marchandises qui y étaient entreposées. Les marchandises étaient alors en quantité limitée, l'argent aussi, donc...

— Papa, qu'est-ce que c'est des marchandises ?

— Tomek, si tu m'interroges tout le temps, je n'arriverai pas à t'expliquer ! Les marchandises désignaient dans une science qu'on appelle économie tous les objets qui avaient une valeur marchande, c'est-à-dire que l'on pouvait acquérir en échange de l'argent. Les marchandises pouvaient aussi bien être des jouets comme ceux que tu vas chercher aujourd'hui au distributeur automatique, que des automobiles comme celle qu'on vient de me livrer après mon coup de téléphone de ce matin ; cela pouvait être aussi des aliments comme la viande...

— Papa, qu'est-ce que c'est la viande ?...

***

Kowalski à Nowak.

— La génétique soviétique vient encore de faire un grand bond en avant, fait le premier.

— Ah oui, comment cela ?

— Mitchourine a croisé une vache avec une girafe...

— C'est intéressant mais...

— L'animal broute l'herbe en Pologne et on le trait en Union soviétique.

***

De la même veine :

— Grâce à Mitchourine, à Noël tous les pays du camp socialiste auront du jambon à satiété.

— Comment cela ?

— Il a croisé un cochon avec un mille-pattes...

***

Quelle est la différence entre un cochon sur pied et une boucherie ?

— Le cochon sur pied a beaucoup de viande et une toute petite queue. La boucherie c'est l'inverse...

CHAPITRE V

Gierek :
du rose au gris

Décembre 1970. La nuit est tombée sur les chantiers navals de la Baltique. Dans les villes où les incendies achèvent de s'éteindre, les militaires et la police patrouillent. Le silence n'est traversé que par la sirène d'une ambulance amenant un blessé vers les hôpitaux débordés.

Une voiture s'est arrêtée devant la grille des chantiers de Szezecin. Un homme en descend et s'avance vers les ouvriers en faction derrière les grilles. Il demande à entrer; son ton est humble. « Qui êtes-vous ? » lui demande-t-on. Il répond : « Edward Gierek ». On lui permet d'entrer. Un Premier Secrétaire de Parti venant solliciter un authentique dialogue avec les ouvriers en lutte, c'est une chance trop rare en Pologne pour la laisser s'échapper. « Aidez-moi », demande Gierek en échange des concessions qu'il vient d'accorder. La classe ouvrière surprise par sa victoire (chèrement payée, il est vrai), ébranlée par une démarche qui a tous les accents de la sincérité, accepte de jouer le jeu. Ce sera le début d'une lune de miel longue de trois ans environ.

Elle durera jusqu'à ce qu'apparaissent les premières lézardes dans l'audacieux montage économique mis sur pied par le nouvel homme fort et que nous avons décrit dans l'introduction du chapitre précédent.

Mais Gierek est-il vraiment l'homme de la classe ouvrière polonaise ? Ses partisans les plus enthousiastes mettent en avant la situation relativement avantageuse de « sa » Silésie, celle qu'il a gouvernée de longues années en qualité de Premier Secrétaire du Parti de la province et où l'on vit moins mal qu'ailleurs. Les mêmes mettent l'accent sur deux traits spécifiques du personnage : il est le premier dirigeant suprême d'origine ouvrière et le seul à avoir passé plus de vingt ans en Occident, en France d'abord, en Belgique ensuite.

Cette vision optimiste, sans être entièrement fausse en ce qui concerne la bonne volonté personnelle de l'intéressé, omet cependant certains « détails ». En 1946, sitôt revenu de l'Occident « corrupteur », Gierek est envoyé à la maison mère, à Moscou, pour y subir une décontamination. Il suivra les cours de l'Ecole des Cadres du Parti.

Lorsque le gomulkisme commence à branler dans le manche, quelques signes annonciateurs des hautes destinées qui attendent le « Silésien » pointent ici et là. Sa province est de plus en plus souvent montée en épingle dans la presse ; lorsque Gomulka prononce, le 15 mars 1968, son discours « antisioniste » par lequel il entend court-circuiter Moczar et son national-communisme, une claque disposée au fond de la salle scande brusquement : « Gierek, Gierek » au grand dam de l'orateur qui voit ainsi se profiler une deuxième menace. *Last but not least,* lorsque l'émeute fera rage sur la Baltique, un entrefilet dans la presse — dont seuls les initiés saisiront toute l'importance —, mentionne la « visite » que rend au grand patron de Silésie, le commandant en chef des troupes du Pacte de Varsovie. Pour qui sait lire, et compte tenu des circonstances, le message est clair : Moscou a désigné le successeur de Gomulka et Moczar aura en fait roulé... pour Gierek.

Rendons à ce nouveau César ce qui lui revient. Certes, Gierek manquera son pari économique et favorisera dans son entourage et dans la nomenklatura une corruption sans précédent. Mais sous son « règne », les prisons politiques resteront vides la plupart du temps et jamais comme auparavant les Polonais ne seront à ce point libres de voyager à l'Ouest. Promoteur actif des Accords d'Helsinki, Gierek s'efforcera de les respecter. Il y gagnera l'image du dirigeant de l'Est le plus « civilisé » et le plus ouvert, celui que les hommes politiques occidentaux choisissent le plus volontiers comme « relais » de leurs ouvertures en direction du Kremlin. Ce dernier laisse faire, semblant même apprécier la faveur dont jouit dans le camp adverse ce communiste « à visage avenant ».

Hélas pour notre homme, son indéniable libéralisme politique loin d'atténuer les conséquences de l'échec de son « libéralisme » économique va produire, en se greffant sur ce dernier, un mélange détonant dont l'explosion provoquera la plus grave secousse qui ait jamais ébranlé le système à l'Est.

En 1976, les mêmes causes engendrant les mêmes effets, Gierek se voit à son tour contraint de procéder à une hausse massive des prix alimentaires. C'est son premier ministre Jaroszewicz — un homme dont la présence est imposée par Moscou —, qui est chargé de présenter le train de hausses au Parlement qui les vote docilement. Elles sont immédiatement exécutoires. Mais une fois encore, les mêmes actions déclenchent les mêmes réactions. La colère ouvrière s'enflamme comme une traînée de poudre. Des grèves éclatent un peu partout et elles sont d'autant plus déterminées que le monde du travail ressent comme une gifle le manquement délibéré à l'engagement solennel pris par Gierek de ne plus procéder à des hausses de prix sans une large consultation préalable de la base.

Les incidents les plus sérieux éclatent à Ursus et à Radom. A Ursus, les ouvriers ont bloqué les voies du train Paris-Moscou. La police dégage le convoi : on relèvera plusieurs dizaines de blessés. Cette fois, le pouvoir, malgré son souci de conserver son « visage avenant », se sent acculé à sévir. Des arrestations nombreuses ont lieu. Dans un premier temps, c'est l'Eglise qui intervient pour tempérer la répression. Son chef, le cardinal Wyszynski aura alors cette phrase terrible, véritable condamnation du passé, du présent... et de l'avenir du communisme local : « Il est tragique dans un Etat qui se dit ouvrier de devoir protéger les ouvriers contre l'Etat. »

Mais cette fois, les ouvriers vont se trouver d'autres défenseurs moins spectaculaires de prime abord mais dont l'action se révélera vite décisive et revêtira un caractère véritablement historique.

Depuis longtemps déjà, bon nombre d'intellectuels, contestataires de plus ou moins fraîche date, ont réfléchi sur le destin tumultueux du communisme polonais et sont arrivés à la conclusion que l'impuissance de la « société » (on appelle ainsi en Pologne tout ce qui n'est pas l'appareil du Parti et de l'Etat) à forcer le système à s'amender résulte de la division des différentes couches sociales et de leurs actions trop dispersées. Ainsi, en 1968, les étudiants étaient seuls : douloureusement surpris du peu d'aide reçue, ils se retireront sous leur tente deux ans et demi plus tard quand grondera la classe ouvrière.

Pour peser efficacement sur le pouvoir et en limiter l'arbitraire, toutes les forces vives de la nation doivent s'unir. Dans ce but, les intellectuels « conscientisés » vont fonder le K.O.R., le Comité de Défense des Ouvriers, rebaptisé par la suite le « Groupe d'Autodéfense Sociale » qui s'assigne pour but d'aider les travailleurs victimes de la répression (en leur procurant une assistance juridique et matérielle) et de rendre la classe ouvrière consciente des mécanismes de l'exploitation dont elle est la première victime de la part d'un système qui prétend exercer le pouvoir en son nom !

C'est ainsi que les militants du K.O.R. parmi lesquels on retrouve pêle-mêle des écrivains (le président fondateur en sera le plus célèbre romancier polonais d'après-guerre, Jerzy Andrzejewski, l'auteur de *Cendre et Diamant* dont Wajda allait tirer l'un de ses meilleurs films), des historiens, des sociologues, des économistes, etc., tous auréolés de prestige en raison tout à la fois de leur rectitude politique et morale et de leur compétence dans leur spécialité, passant sans tarder à l'action, prennent contact avec les militants ouvriers les plus actifs — donc les plus visés par la répression — et les prend sous son aile protectrice (Walesa, licencié de son emploi sera ainsi pris en charge financièrement par le K.O.R. à qui il exprimera sa gratitude en exigeant la libération de tous ses militants, alors emprisonnés, avant de signer les accords de Gdansk...), de même, il identifie les noyaux du monde ouvrier potentiellement les plus réceptifs à son message et les plus mobilisables quand sonnera à nouveau l'heure de l'action.

Au premier rang des « cibles » retenues, figurent naturellement les chantiers de Gdansk. Ce choix est certes lié au militantisme bien connu de cette entreprise mais aussi à deux autres facteurs qui d'ailleurs expliquent le premier. La population de la Baltique offre en effet, comme celle de la Basse Silésie (région de Wroclaw), elle aussi très combative, la caractéristique d'être composée à 80 % de Polonais transplantés des territoires annexés par l'U.R.S.S. en 1945. Le sentiment anti-russe et, partant, anti-communiste y est le plus violent qu'ailleurs en Pologne. De même, le littoral de la Baltique est la fenêtre de la Pologne et la vision que l'homme de la rue retire du monde extérieur est la plus complète et la moins déformée.

L'action du K.O.R. sera certes en butte à la répression policière mais celle-ci prendra davantage la forme d'un harcèlement que d'une répression véritable. Gierek, en effet, se veut toujours même après les secousses de 1976 le parangon des Accords d'Helsinki, notamment du volet qui prévoit la libre circulation des personnes et des idées. Les militants du K.O.R. qui l'ont bien compris, s'ingénient à brandir ce catéchisme de bonne conduite. D'autre part, Gierek espère compenser ses échecs économiques par le mantien, même risqué, de l'ouverture dans d'autres domaines. A tout cela, s'ajoute chez lui le souci d'éviter de faire des martyrs en la personne d'hommes dont le prestige social, et culturel, l'intimide.

Enfin, Gierek surestimant sa popularité ou, plus

exactement, persistant à y croire alors qu'elle est bien morte, sous-estime le travail de sape du K.O.R. dans le monde ouvrier.

D'autres cependant, dans le Parti, ont flairé le danger que fait courir au système la combinaison pernicieuse de la gabegie économique et du laxisme politique. Ceux-là trouvent dans la maison mère soviétique des oreilles de plus en plus compréhensives. Avec la semi-tolérance du K.O.R. bientôt doté d'émules comme le mouvement étudiant S.K.S. qui mettra sur pied l'université volante (cours clandestin d'Histoire, d'économie, de philosophie et de sciences politiques « démarxisés »), Gierek crée un précédent intolérable. Et ce n'est pas le seul. L'endettement de la Pologne, de type sud-américain (27 milliards de dollars dévorés en pure perte au même titre que les quatre milliards de boni légués par Gomulka) la met dans un état de dépendance économique dangereux envers l'Occident qui déjà règne plus qu'ailleurs sur les esprits tout en la rendant plus vulnérable encore à la pression soviétique.

Tout est donc en place pour la répétition d'un scénario connu. Une lutte sourde va s'engager dans le Parti pour éliminer un dirigeant en perte de vitesse dont l'action risque de conduire à des convulsions populaires dangereuses pour le système. Mais ces convulsions, une fois de plus, ne pourront être évitées.

C'est au mois d'octobre que le destin frappe les trois coups. Quelques minutes après que se sera élevée la fumée blanche attendue dans le ciel de Rome, le monde apprendra avec stupeur l'élection d'un pape polonais. Le choc émotionnel, comme on le dira dans une anecdote, laisse les Polonais abasourdis. Toutes les raisons liées à leur Histoire, à leur culture et à leur situation géopolitique s'additionnent pour leur faire vivre une sorte de rêve éveillé. Dans ce lien désormais charnel et plus vivant que jamais avec l'Occident, la masse des Polonais prendra totalement conscience neuf mois plus tard avec le retour dans son pays natal de l'ex-archevêque de Cracovie. C'est la nation tout entière qui va gérer l'événement et la ferveur qui l'entoure. L'Eglise, en effet, avec le concours massif et multiforme de la masse des fidèles prendra en charge l'organisation du voyage auquel le régime se résigne de mauvaise grâce. Toute l'organisation, y compris un service d'ordre qui fera preuve d'une efficacité remarquable, montrera aux Polonais la force qu'engendre leur cohésion sitôt celle-ci réalisée. La leçon, quatorze mois plus tard, ne sera pas oubliée...

Car, désormais, les jours de Gierek à la tête du pouvoir sont comptés. C'est en vain qu'il s'est finalement débarrassé de son Premier ministre détesté. En cet été 1980, le mécontentement est à son comble. Une fois de plus, il est provoqué par de nouvelles hausses de prix. Pour Gierek, ces événements tombent particulièrement mal car en ce mois de juillet, il doit accomplir le pèlerinage traditionnel à la maison mère où l'attendent des questions désagréables...

Son nouveau Premier ministre Babiuch éteint un peu partout les foyers d'incendie sauf, par coïncidence, dans les endroits que doit traverser Gierek pour se rendre à La Mecque moscovite. Là, curieusement, les talents de négociateur de Babiuch restent sans effet. Sans doute pour certains qui s'agitent dans l'ombre s'agit-il de mettre en relief l'impopularité personnelle du Premier Secrétaire.

A la fin du mois pourtant la vague de grève semble s'être calmée. C'est un répit que Gierek, trop optimiste, prendra pour la fin de ses ennuis. Erreur funeste...

***

Les histoires se rapportant à l'ère Gierek étonneront peut-être par leur férocité si l'on considère le caractère moins répressif du système durant cette période. Mais comme pour Gomulka, il faut tenir compte du ressentiment accru qui crée la déception née des contre-performances et des reniements d'un chef dont on avait trop attendu.

L'ampleur de la déception est telle qu'elle fait oublier les « bons côtés » du gierekisme, notamment le laxisme de la répression qui favorise la circulation des idées comme des personnes et permet à une véritable opposition de se faire jour et de répandre ses idées dans le corps social.

Les plaisanteries de cette période traduisent une dénonciation de plus en plus globale, parfois « philosophique », du système dont visiblement de plus en plus de gens prennent conscience du fonctionnement aberrant et du caractère « incurable ». Certaines, les plus profondes et les plus cruelles sur les pénuries regroupées dans la chapitre précédent datent de l'ère de Gierek. Il en est de même d'un grand nombre concernant les « frères ». Car paradoxalement, le laxisme politique ne diminue nullement, au contraire, le sentiment de dépendance humiliante à l'égard de la maison mère et l'animosité qui en découle.

Enfin, il est à peine besoin de relever que l'élection du pape était un événement propre à fouetter l'imagination des adeptes de l'humour et cela d'autant plus qu'elle intervenait au moment où l'ère Gierek accusait tous les signes de la décadence et de sa fin prochaine.

***

Pourquoi aime-t-on Gierek ?

Parce qu'il a un peu détaché la Pologne de l'U.R.S.S. et qu'il l'a beaucoup rattachée à la Silésie.

***

Par un matin d'hiver, la sempiternelle queue s'étire devant la boucherie. Gierek vient à passer et s'émeut. Il s'adresse à la foule.

— Vous m'avez aidé il y a peu, s'écrie-t-il. Je me dois de vous rendre la pareille.

La foule, émue, le regarde s'éloigner. Elle se prend à espérer. Une heure plus tard effectivement, un camion s'immobilise de l'autre côté de la rue. Des jeunes gens se précipitent et, sans attendre le chauffeur et le boucher, entreprennent de dérouler la bâche.

De la queue, des cris s'élèvent :

— Qu'est-ce que c'est ? Du jambon ? Du saucisson ?

Un des jeunes gens se retourne et lance, lugubre :

— Des chaises...

***

Gierek a rencontré Carter et lui a trouvé la mine particulièrement sombre. Il lui en fait la remarque.

— C'est que je viens d'apprendre une pénible nouvelle, explique l'Américain. Le diable m'a révélé que je ne serais pas réélu à la Présidence.

— Le diable ? s'étonne Gierek.

— Ne riez pas, le diable est un excellent informateur, confie Carter. J'ai un pacte avec lui et il me révèle l'avenir par téléphone. La communication est un peu chère, mille dollars environ, mais tous les tuyaux qu'il m'a refilés se sont révélés exacts.

De retour à Varsovie, Gierek, qui a pris soin de noter le numéro du diable que Carter a accepté de lui confier, décide de faire appel à son tour aux services du Malin. Satan accueille avec courtoisie son nouveau correspondant mais il ne lui épargne rien du récit des malheurs qui l'attendent. Accablé, Gierek raccroche et reste plongé dans une longue prostration. Il se décide enfin à appeler, après plusieurs minutes, pour demander le prix de sa communication.

— Deux zlotys, répond au bout du fil une fraîche voix féminine.

— Deux zlotys ? fait Gierek incrédule. Mais Jimmy... enfin un ami américain me dit que pour le même appel il ne paie pas moins de mille dollars...

— Vous avez bien appelé l'Enfer ? interrompt la voix suave.

— Euh, oui, répond Gierek embarrassé.

— Votre appel émanait bien de Varsovie ?

— Oui...

— Dans ce cas, camarade, il n'y a pas d'erreur ; il s'agit bien d'une communication locale...

***

Gierek a invité le fils d'un de ses amis, un étudiant, à venir dans sa demeure lui raconter les blagues que l'on colporte sur son compte.

A peine entré, l'étudiant s'immobilise, ébloui par

le luxe qu'il découvre. Gierek entreprend le jeune homme sur un ton paternel :

— Regarde bien tout ce qui t'entoure. Dans un temps que j'espère pas trop lointain, ce sera le décor de chaque Polonais.

— Camarade Premier Secrétaire, fait timidement le jeune homme, je vous demande pardon, mais les blagues, qui les raconte ? Vous ou moi ?

***

Quelle est la différence entre Gomulka et Gierek ? Aucune. Mais Gierek ne le sait pas encore...

***

Gerald Ford s'est fait conduire sur la Lune à bord d'un vaisseau Apollo. A sa grande surprise, à peine débarqué, il rencontre Gierek. Aucun vaisseau spatial soviétique n'est cependant visible à l'horizon. Aussi bien, après les civilités d'usage, Ford s'enquiert :

— Mais comment êtes-vous arrivé jusqu'ici ?

— Grâce aux performances de l'économie polonaise, répond Gierek qui se rengorge.

— Elles sont, en effet, légendaires, fait l'Américain, courtois. Mais tout de même, la conquête de la Lune...

— En fait, c'est très simple, explique le Polonais ; j'ai chevauché les prix, et ils ont grimpé, grimpé, grimpé...

— Mais comment allez-vous redescendre ?

— Encore plus vite : j'enfourcherai les salaires...

***

Quelles sont les différences entre les gouvernements de Bierut, Gomulka et Gierek ?

— Du temps de Bierut, c'était comme dans les tramways : quelques-uns étaient assis et la majorité était pendue aux mains courantes. Du temps de Gomulka, c'était comme dans les autobus : un seul homme conduisait et tous les passagers tressautaient sous les cahots. Sous Gierek, c'est comme dans un Tupolev : il y a plus de confort, mais on a mal au cœur...

***

Gierek est allé au Kremlin pour y recevoir une de ces distinctions honorifiques dont les Soviétiques se sont montrés si prodigues à son endroit.

Mais la main tremblotante de Brejnev vieillissant ne parvient pas à épingler la décoration au revers du veston de l'heureux élu.

— Pourquoi donc vous obstinez-vous à porter des vêtements en tissu étranger ! grommelle le maître du Kremlin qui vient de se piquer le doigt.

— C'est du tissu soviétique, camarade, répond vivement Gierek, aussi soviétique que l'épingle...

***

Pour Gierek, cette fois la coupe est pleine. Il veut divorcer de Brejnev. Mais il veut l'accord du pape. Il lui expédie une missive respectueuse exposant l'objet de sa requête. La réponse met quelque temps à lui parvenir : Elle est ainsi conçue :

Cher Fils,

Votre requête m'embarrasse quelque peu. Vous connaissez l'hostilité de l'Eglise au divorce. Toutefois, n'ayant jamais approuvé votre union et compte tenu de nos excellents rapports, je suis disposé à prier le Tribunal de la Sainte Rote d'envisager votre cas avec bienveillance. Je crains, toutefois, qu'en l'occurrence, vous n'éprouviez aussi des difficultés avec la juridiction civile. Avez-vous pensé, cher Fils, au montant de la pension alimentaire qui vous sera réclamée ?

***

Kossyguine a Gierek au bout du fil. Brejnev a pris un écouteur mais il est un peu dur d'oreille. Il n'entend guère que Kossyguine qui est à ses côtés et qui parle fort.

— *Niet*

...

— *Niet*

...

— *Niet*

...

— *Da*

...

— *Niet*

...

— *Niet*

...

— *Da*

...

Kossyguine, de mauvais poil, a raccroché.

— Bon débarras, fait-il.

— Tu lui as tout de même dit « oui » deux fois, fait Brejnev sur un ton d'amical reproche.

— C'est vrai, répond Kossyguine. Mais la première fois, il me demandait si je l'entendais bien.

— Et la seconde ?
— Il m'a dit adieu...

***

Le mot d'enfant qui suit est authentique, l'un des auteurs l'ayant entendu de ses propres oreilles.

En février 1979, une terrible explosion due à une fuite de gaz a détruit un édifice au centre de Varsovie, faisant des dizaines de morts. Un tramway passe devant les ruines. Une petite fille demande à sa mère l'explication de ce qu'elle voit. Après avoir écouté sa maman, la petite fille reste songeuse un instant puis dit à haute voix :

— Dis, maman, Gierek, il est aussi abonné au gaz ?

***

Que se passerait-il si le camarade Gierek était appelé à gouverner le Sahara ?

— Rien la première année, mais la deuxième, l'eau aurait disparu.
— Comment cela ?
— Elle aurait été exportée.
— Exporter l'eau ? Du Sahara ?
— Pour rembourser les emprunts en devises.
— Des emprunts, pour quoi faire ?
— Pour importer du sable...

***

Le maire a décidé de rénover la salle du conseil municipal. Il a commandé le portrait des principaux dirigeants du Parti mais parmi ceux qu'on lui a livrés seul celui de Gierek est muni d'un crochet qui permet de le suspendre à un clou. Il s'en inquiète auprès de son adjoint. Celui-ci hausse les épaules :

— Après tout, seul Gierek doit être pendu ; les autres peuvent être collés au mur...

***

Les combines et les passe-droits dans le système communiste sont une nécessité, parfois vitale, pour contourner un système incapable de fonctionner selon les normes qu'il a lui-même établies. L'histoire ci-dessous l'illustre bien.

Kowalski téléphone à Nowak, son débit est saccadé et sa voix altérée par l'émotion :

— Tu te souviens, tu m'avais dit un jour que tu connaissais un type qui travaille dans un garage...

— Oui. Tu as des problèmes de voiture ? demande Nowak.

— Non. Non. Mais tu m'avais dit que ce type était plus ou moins cousin d'une fille qui travaille dans une boucherie.

— Ce sont des problèmes d'approvisionnement, alors ?

— Non, attends. Tu m'avais dit aussi que cette fille était vaguement la petite amie d'un gars qui travaille dans une pharmacie...

— Ah ! je vois, tu as besoin d'un médicament particulier...

— Non, laisse-moi finir. Tu avais précisé, je crois, que ce gars était le beau-frère du commandant des sapeurs-pompiers...

— C'est bien possible, mais pourquoi ?...

— Pourquoi ? Mais j'ai le feu chez moi, nom de Dieu !

Carte postale pour Pâques 1983 éditée par «Solidarnosc».

L'aigle polonais chasse le corbeau (wrona), symbole du pouvoir.

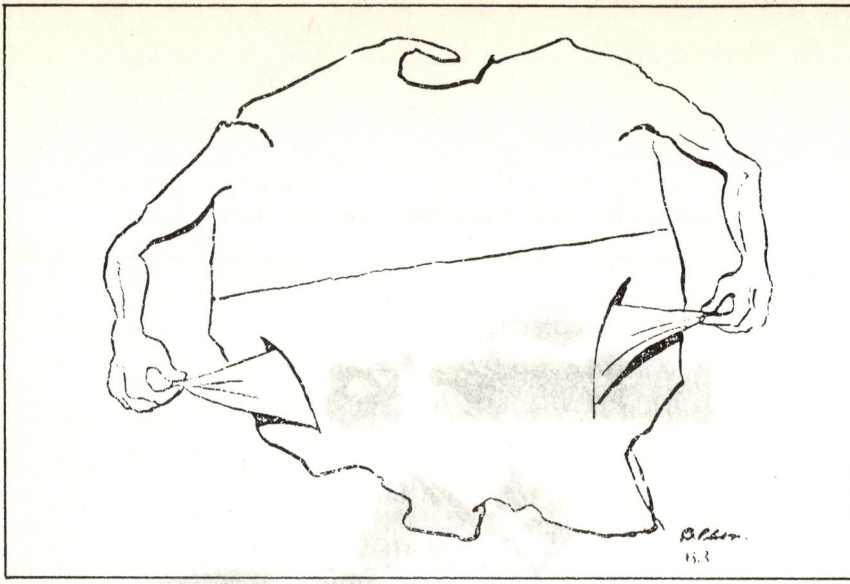

Contour de la carte de Pologne... en crise économique.

Carte postale clandestine pour célébrer la fête nationale du 3 Mai, anniversaire de la première constitution polonaise.

— Mais qu'est-ce que c'était donc ce 3 Mai?

***

Est-il possible d'échanger Gierek contre une petite Fiat Polski ?

— Oui. Les Américains ont bien échangé Nixon contre Ford...

***

Après de longues hésitations, Gierek a donné son accord. La pénurie de devises fortes est telle qu'il faut se résoudre à l'installation de maisons closes dans les ports de la Baltique et dans les grandes villes fréquentées par les étrangers riches. Encore convient-il d'observer un minimum de décence et de discrétion. Pour tous les apaisements, Gierek décide de se rendre dans un de ces lieux maudits. Il est agréablement surpris par la bonne tenue des pensionnaires. Toutes sont jeunes, jolies, distinguées, leur maquillage est discret et leur maintien modeste. Il décide de les haranguer pour leur expliquer la douloureuse nécessité où se trouvent le Parti et le peuple de faire appel à leurs sacrifices. Puis il se mêle quelques instants à la foule des « travailleuses ».

— Et vos rémunérations sont-elles convenables ? s'enquiert-il auprès de l'une d'elles.

— Tout à fait, camarade Premier Secrétaire. Je parviens même à entretenir mes vieux parents dans le besoin.

— Voilà qui est exemplaire, fait Gierek. Vous mériteriez d'entrer au Parti et je me ferais un plaisir de parrainer votre candidature.

— Vous êtes trop bon, camarade Premier Secrétaire, murmure la jeune fille rougissante et les yeux baissés. Moi je ne dirais pas non mais maman m'a dit plusieurs fois que ce n'était pas convenable pour une jeune fille...

***

Un Français, un Italien et un Polonais errent dans les allées du purgatoire : ils ont fait connaissance au dortoir des accidentés de la route où on les a logés tous trois.

— Moi, confie le Français, j'étais parti étrenner ma nouvelle 504. J'avais un peu trop arrosé l'événement et il est arrivé ce qui devait arriver...

— Moi, c'est la vitesse, soupire l'Italien. J'avais trop poussé mon Alfa Romeo ; un imbécile a déboîté sur l'autoroute et... vous connaissez la suite.

— Moi, dit le Polonais, je n'avais pas pu résister à la tentation d'acheter une petite Syrena ; je pensais pouvoir la payer à crédit...

— Mais comment es-tu mort ? demandent les deux autres.

— De faim...

***

Kowalski junior est tombé éperdument amoureux d'une ravissante créature. Il l'épouserait d'autant plus volontiers que la belle lui assure d'être enceinte de ses œuvres depuis un mois. L'ennui pour Kowalski est que l'objet de sa flamme travaille au ministère de l'Economie qui a mauvaise réputation à plus d'un titre, notamment pour la licence des mœurs qui y prévaut.

Kowalski décide de s'ouvrir de ses doutes à l'auteur de ses jours.

— Si je l'épouse et qu'elle met au monde un enfant un peu trop tôt, ne va-t-on pas jaser et murmurer que c'est l'enfant du ministère ?

Kowalski senior sourit et pose la main sur l'épaule de son rejeton :

— Epouse cette fille si tu l'aimes, mon garçon, lui dit-il, et n'aie aucune crainte. Personne n'aura l'idée d'affirmer que ton enfant puisse être celui du ministère. Le ministère de l'Economie n'a jamais réussi à accomplir quoi que ce soit en huit mois ni même en neuf. De plus, il n'a jamais rien fait avec amour...

***

Kowalski à Nowak :

Le rouble a été réévalué : sa parité a été portée au niveau de la livre sterling.

— Cela veut-il dire qu'il existe à présent des roubles d'une livre ?

— Non, cela veut dire qu'une livre de roubles vaut désormais une livre sterling...

***

De la même veine :

La pièce d'un zloty a également été réévaluée ; elle vaut désormais un bouton de culotte...

— Pourquoi ?

— Parce qu'on y a percé deux trous...

***

La direction de l'Agence nationale de tourisme Orbis — l'Intourist polonais —, interroge le directeur du *Victoria,* l'hôtel le plus luxueux de Varsovie.

— Votre night-club est la plupart du temps désert. C'est fâcheux pour nos rentrées de devises. Faites un effort : trouvez des meilleures attractions, par exemple un strip-tease plus osé.

— J'ai pourtant fait de mon mieux, réplique le directeur. Même le strip-tease a été confié à des militantes chevronnées du Parti...

***

— Quel est l'acte de loyauté suprême que peut accomplir un de ses membres envers le Parti ?

— Acheter le quotidien du Comité central et le payer en dollars...

***

— Pourquoi le capitalisme est-il au bord du gouffre ?

— Pour avoir une vue plongeante sur le socialisme.

***

Ce n'est pas seulement dans la masse de la population que les Soviétiques ne trouvèrent en Pologne que bien peu d'adeptes sincères et vraiment dévoués. Le manque de conviction véritable est souvent perceptible au sein même de la nomenklatura moyenne, voire élevée. Il se traduit le plus souvent pour l'interlocuteur étranger par une propension qui ne se retrouve nulle part ailleurs dans les sphères dirigeantes de l'Est à colporter des plaisanteries ou des propos ironiques, voire franchement désobligeants, sur le grand voisin et plus encore sur les « petits frères » est-allemands ou tchèques principalement. Cette boutade dont un écri-

vain français fut un des protagonistes illustre parfaitement ce trait.

L'écrivain se trouvait à Varsovie pour la préparation d'un autre ouvrage consacré celui-ci à la grande insurrection d'août 1944. Ses recherches s'étaient révélées décevantes. Ses interlocuteurs officiels s'obstinaient à lui présenter la version des faits exonérant l'Armée rouge de toute responsabilité et rejetant celle-ci sur les insurgés et leurs arrière-pensées politiques pro-occidentales.

Un soir, à l'issue de son séjour, l'écrivain est convié à une réception où il retrouve la plupart des personnalités de haut rang auxquelles il a eu affaire. Ceux-ci, la vodka aidant, tiennent visiblement à se faire pardonner leur mauvaise volonté antérieure. L'un d'eux s'approche de l'écrivain :

— Vous n'avez pas été sans remarquer, monsieur, lui dit-il, que Varsovie ne compte ni rue Lénine, ni Allée Karl-Marx, ni rien ou presque qui soit dédié aux prophètes ou aux Pères fondateurs du communisme ?

— Cela m'a frappé en effet, répond le Français.

— Il y a pourtant une exception que vous avez sûrement vue : la statue de Dzierzjinski, un haut dignitaire soviétique qui était d'origine polonaise...

— Ah oui, fait le Français, le fondateur de la Tcheka, ancêtre du K.G.B., j'ai vu sa statue, en effet, mais pourquoi est-il l'exception ?

— Parce que c'est le Polonais qui a liquidé le plus de Russes...

***

Autre sujet de raillerie, l'inculture des cadres supérieurs et moyens du Parti qui aura été dès l'origine un sujet de plaisanterie sans fin pour les Polonais.

Les services météorologiques ont mis les autorités en alerte : de fortes secousses sismiques sont à craindre dans la région de Rzczerzov. Gierek, comme il se doit en pareil cas, réunit « l'Activ » du Comité central, organe de coordination où siègent les principaux responsables des différents secteurs concernés par la lutte contre les catastrophes naturelles et autres. Diverses mesures sont prévues et un télégramme est envoyé séance tenante aux autorités locales. « Dangereux mouvements telluriques annoncés dans votre région. Prenez toutes mesures préventives nécessaires. Prévoyons assistance supplémentaire en cas de besoin. » L'Activ lève alors sa séance pour aller déjeuner.

Lorsqu'il se réunit à nouveau, un télégramme est déposé sur le bureau de Gierek qui entreprend d'en donner lecture : « Mouvement tellurique déjoué. Avons procédé à deux cents arrestations et un millier de mises en résidence surveillée. Aucune résistance constatée mais activités policières fortement contrariées par violent tremblement de terre ».

***

Kowalski rencontre Nowak. Il s'étonne de lui voir le crâne rasé.

— Pas surprenant, fait l'autre. Je sors de taule... Ils m'avaient condamné à six mois pour corruption. Mais je n'en ai fait que deux...

— Seulement deux, s'étonne Kowalski, et pour quel motif ? Bonne conduite ?

— Non, récidive...

***

Ce jeune stagiaire japonais fait l'admiration de ses camarades polonais à l'usine de tracteurs d'Ursus. En moins d'un mois il a battu largement le record de productivité individuelle.

Mais quelque chose intrigue ceux qui l'entourent. Chaque matin, le Nippon, avant de se rendre à son poste, prononce à haute voix, dans sa langue, quelques phrases qu'il se refuse poliment à traduire. Pour en avoir le cœur net, ses camarades décident de l'enregistrer à son insu.

Ils s'en vont ensuite faire écouter la cassette à un interprète qui leur remet le texte écrit de la traduction sous enveloppe. La délégation, rentrée à l'usine, et profitant d'une absence du Japonais, bat le rappel de l'atelier. On ouvre l'enveloppe et l'on confie la lecture de son contenu à Kowalski.

— « Chers et honorés amis polonais, lit ce dernier, je suis l'hôte de votre gouvernement et comme tel soumis à certains devoirs : croyez bien cependant que ce n'est pas nullement par manque de sympathie que je ne m'associe pas à votre grève perlée... »

***

Kowalski, jeune diplômé en sciences économiques, a été autorisé à travailler sur le grand ordinateur de l'Office du Plan. Il l'interroge :

— Peut-on vivre de son salaire en Pologne ?

L'ordinateur reste muet pendant un temps anormalement long et Kowalski s'apprête à répéter sa question lorsque la réponse apparaît enfin :

— « Il ne peut être donné de réponse à cette question : l'expérience n'a jamais été tentée... »

***

Habemus Papam

L'homme porte beau : il donne dans le genre séducteur aux tempes grises. Il appuie sa voix expressive par des mimiques incessantes. C'est la vedette américaine : il nous joue un intermède en attendant l'arrivée du ministre des Cultes Kakol (prononcez Konkol). Jouer est bien le mot car ce bellâtre, présenté comme un économiste, fait davantage songer à un acteur dans le rôle d'un avocat d'assises.

Le ministre qui se fait attendre ne constitue lui-même qu'un lever de rideau à l'événement qui justifie notre déplacement à Varsovie : le colloque dit de Jablonna (1) (du nom du charmant petit palais baroque où il se tient) où des journalistes de l'Est et de l'Ouest viennent tous les trois ans disserter gravement de la situation internationale. Aussi bien, si M. le camarade ministre des Cultes traîne un peu c'est peut-être qu'il attend que se dénoue le suspense dont tout le monde parle : l'élection du successeur de l'éphémère Jean Paul Ier. Il est cinq heures de l'après-midi en ce lundi d'octobre et peu d'augures se hasardent à prédire l'élection d'un pape non italien, encore moins sont-ils à parier sur un

(1) Napoléon y rencontra Maria Walewska, amenée là pour des raisons de haute politique par Poniatowski (toujours l'arrière-grand-oncle, s'entend).

pontife polonais. Si le ministre veut nous entretenir, pensent les journalistes, c'est à coup sûr pour nous faire passer le message insistant : tout va pour le mieux entre la plus catholique des Eglises et le plus communiste des gouvernements.

Si le message est si souvent martelé, c'est qu'il n'est pas entièrement convaincant : des problèmes subsistent bel et bien, tel celui de l'enseignement du catéchisme. Et puis l'Eglise apporte un soutien mesuré et prudent aux dissidents du K.O.R. dont on parle beaucoup depuis les désordres d'Ursus et de Radom. A Rome cependant, l'Histoire se fait un peu prier. Ni fumée noire ni fumée blanche ne se sont encore élevées dans le ciel de Vatican. L'économiste prestidigitateur a achevé d'escamoter cette viande dont il nous explique la pénurie depuis trois quarts d'heure.

Le ministre des Cultes paraît enfin pour débiter les phrases convenues sur le sujet attendu. Emporté par son élan, Kakol va même jusqu'à qualifier le Primat Wyszynski de « grand patriote ».

Rien ne paraissait devoir interrompre son ronron paisible quand soudain la porte de la grande salle de la Maison de la Presse où se déroule la scène s'ouvre à deux battants laissant voir un homme essoufflé qui s'écrie :

— Il y a un pape !

Du coup, le ministre qui ne faisait guère recette n'intéresse plus personne ; les spéculations sur l'élu ont en effet repris de plus belle : Siri ? Benelli ? Les noms des « papabile » défilent à nouveau.

Devant moi, un confrère italien me fait force clins d'yeux dont je ne perçois guère le sens. Je sais seulement qu'il appartient à la rédaction de *Paese Sera,* le grand quotidien communiste du soir. Le bourdonnement des apartés frise l'impolitesse et pour relancer l'intérêt de son auditoire, M. le camarade ministre l'autorise à lui poser des questions. L'Italien le premier a levé la main :

— Monsieur le ministre, que feriez-vous si le cardinal Wyszinsky était élu pape ?

La salle éclate de rire mais Kakol en a vu et entendu bien d'autres dans l'exercice de ses délicates fonctions, surtout de la part de la presse occidentale...

Il répond sans se troubler avec un sourire à peine pincé :

— Dans ce cas, messieurs, je vous offre le champagne...

Côté journalistes, la question a dégelé l'atmosphère, jusque-là un peu compassée. Courtoisement, avec un zeste d'humour eux aussi, quelques confrères interviennent à leur tour pour prouver au ministre qu'ils ne sont pas dupes de ses propos lénifiants. Mais tout le monde guette la porte par où réapparaîtra le messager porteur de la bonne nouvelle.

L'attente ne sera pas longue. L'homme, plus rouge que la première fois, plus essoufflé fait une irruption encore plus bruyante :

— Wojtyla !

C'est le coup de tonnerre ; il laisse l'assistance dans une stupeur qui dure plusieurs secondes. Mon Italien, pince-sans-rire lui n'a pas perdu un instant : il s'est précipité vers Kakol dont il serre longuement la main. Avec effusion.

— Toutes mes félicitations, monsieur le ministre.

Ce dernier a choisi de faire contre mauvaise fortune, sinon bon cœur, du moins bonne figure ; il feint de ne pas voir l'ironie et accueille les félicitations avec un air à mi-chemin entre celui d'un jeune père assailli de compliments et celui d'un veuf recevant des condoléances. Mais à dire vrai, peu de monde l'entoure ; les journalistes ont pour la plupart réagi comme tels : ils se sont précipités dans la rue ou rués vers les téléphones. Mais la rue est déserte et déjà noire.

Toujours déconcertants, ces Polonais. Ils ont décidé de fêter l'événement chez eux ; plus précisément au téléphone. Toute la nation y est suspendue et il n'y a plus une âme qui vive dans Varsovie qui grelotte sous le crachin. Même les abords des églises dans la vieille ville sont vides de fidèles.

Tout seul, impressionnant, un jeune homme prie, agenouillé sur le trottoir devant la cathédrale Saint-Jean. Il prie, indifférent à tout ce qui l'entoure ; c'est un séminariste, identifiable à sa chevelure inexistante : la version polonaise de l'homme au crâne rasé.

De guerre lasse, désespérant de capter le sentiment populaire, nous sommes retournés à la voiture d'Henryk Kurta. Avant de me raccompagner à mon hôtel, Henryk se dirige vers une des rares stations d'essence encore ouvertes. La pompiste fait le plein sans mot dire mais en revissant le bouchon du réservoir, il lance :

— Un qui doit être emm... c'est quand même Brejnev !

(Henryk Kurta et Claude de Groulart)

***

En ce jour d'octobre 1978, le Bureau politique tient une réunion dont l'unique point à l'ordre du jour est la situation économique, à nouveau des plus préoccupantes. Il faudrait relever le niveau des prix, et fortement. Mais une première décision du genre a coûté le pouvoir à Gomulka en 1970 et une deuxième tentative a provoqué, en 1978, de graves désordres à Ursus et à Radom.

Soudain, la sonnerie du téléphone retentit. Une voix demande à parler à Kakol, le ministre des Cultes ; celui-ci prend le combiné et pâlit. Il bredouille quelques paroles indistinctes et raccroche. Tous les regards des membres du Bureau politique se sont tournés vers lui.

— C'était mon chef de cabinet, articule-t-il avec peine.

— Eh bien ?

— Ils ont élu un pape...

— Mais encore...

— C'est Wojtyla..., finit par articuler Kakol d'une voix presque indistincte.

Un silence de mort s'est installé.Gierek s'est pris la tête dans les mains et murmure :

— Mon Dieu, Vous ne m'aurez rien épargné...

***

L'histoire est réputée authentique et cette authenticité est très plausible. Sa drôlerie a fait qu'elle a vite circulé sous forme de blague. Surtout après l'élection du pape.

Karol Wojtyla est, on le sait, un grand skieur devant l'Eternel. La passion de ce sport est chez lui très ancienne et il le pratiquait assez fréquemment du temps où il était à la tête de son diocèse de Cracovie.

Un jour, au cours d'une longue randonnée, il s'égare et franchit la frontière polono-tchèque qui passe dans le massif de la Tatra. Il est arrêté par des gardes-

frontières tchèques. Revêtu de sa tenue de skieur, il est sans papiers et incapable de prouver son identité.

— Mais je vous répète que je suis le cardinal archevêque de Cracovie, répète-t-il avec une douce obstination aux gardes-frontières.

— Mais oui, mais oui, mon vieux, fait l'un des gardes sarcastique. Et pourquoi pas le pape tant que vous y êtes ?

***

Brejnev vient d'apprendre l'élection de Karol Wojtyla au trône de Saint-Pierre. L'événement l'a mis de mauvaise humeur.

— Ces Polonais sont tous les mêmes, grommelle-t-il. Dès qu'on en laisse un filer à l'Ouest pour assister à un congrès ou à un colloque, il parvient toujours à se trouver un boulot pour rester...

***

Gierek interroge le pape :

— Pourquoi avez-vous tant de monde dans vos églises et nous si peu aux réunions du Parti ?

— Vous prétendez montrer le paradis, répond le Saint-Père, nous nous contentons de le promettre...

***

Paul VI a entrepris des démarches auprès du gouvernement polonais pour obtenir la construction de nouvelles églises. Gierek, qui a longtemps fait la sourde oreille, décide de faire une concession. Il fait savoir à Rome qu'il veut bien autoriser la construction d'un nouveau lieu de culte.

Mais à une condition, précise-t-il : il devra être dédié à saint Leonid.

Quelques semaines plus tard, il reçoit la missive suivante, du Vatican :

Le Saint-Père manifeste au gouvernement polonais sa plus vive gratitude pour son geste magnanime. C'est bien volontiers qu'il accède à la requête concernant la consécration de l'édifice pour peu que le gouvernement polonais veuille bien fournir les ossements et les reliques...

***

La visite du pape a mis les services secrets (S.B.) sur les dents ; ils ont décidé de s'infiltrer dans les rangs des religieux. Ceux-ci ont eu vent de la chose...

Deux jeunes prêtres conversent :

— On dit qu'il y a des gens de la S.B. parmi nous, chuchote le premier. Mais comment les reconnaître ?

— Très simple, fait le second, ce sont ceux qui ont des missels neufs...

***

Celle qui suit, sur le même thème, est plus curieuse car elle laisse voir les Polonais se mettant à la place des Soviétiques qui ironisent... sur la Pologne ; l'ironie, en l'occurrence, dissimule mal une inquiétude très réelle, propre en définitive à réjouir les auteurs de la blague.

Jean Paul II a eu, comme Pie XII, une vision : il s'est trouvé en présence du Christ. Deux questions lancinent le nouveau successeur de Pierre qui implore le Fils de Dieu d'y répondre. Jésus y consent.

— Seigneur Jésus, verrai-je de mon vivant les églises de Pologne désertées comme elles le sont aujourd'hui dans tant d'autres nations de la Terre ?

Jésus sourit doucement et dit :

— En vérité, je te le dis, Karol, de ton vivant, tu ne verras pas les églises de ta chère patrie désertées par les fidèles.

— Ma deuxième question est celle-ci, Seigneur : y aura-t-il après moi un autre pape polonais ?

Le sourire du Fils de Dieu se fait plus suave encore :

— En vérité, je te le dis, Karol, de mon vivant, il n'y aura plus d'autre pape polonais...

CHAPITRE VI

Solidarité : Le grand pied de nez...

En ces chaudes journées de l'été 1980, le communisme polonais roule sur une route verglacée ; la moindre fausse manœuvre peut le faire déraper. Ou un mot de trop... Les grèves qui ont éclaté un peu partout dès le mois de juillet et que l'on peut croire quelque peu manipulées aux fins d'obscurs règlements de comptes dans le Parti, ont pour objectif des augmentations de salaires. Le Premier ministre Babiuch court un peu partout pour jouer les pompiers, cédant le plus souvent aux exigences des grévistes.

A ce stade, le mécontentement, s'il est inquiétant, semble encore ne relever que de mobiles purement économiques. La télévision ne craint pas d'ironiser lourdement sur ces « grèves du bifteck ». Cette manifestation de mépris cynique est la goutte d'eau qui fait déborder le vase. Les travailleurs des chantiers de Gdansk repartent aussitôt en grève : cette fois pour obtenir la réintégration d'une des leurs, Anna Walentynowicz, militante du K.O.R. licenciée pour ses activités politiques. Ils sont rapidement épaulés par leurs camarades des ports voisins. Ici encore, des « pompiers » vont accourir mais cette fois ils seront impuissants à éteindre l'incendie. Du coup, les grèves s'étendent et des revendications d'une nature nouvelle surgissent. Lorsque le pouvoir enverra à Gdansk et à Szczecin de nouveaux négociateurs, ceux-ci vont se trouver en présence d'exigences proprement révolutionnaires qui vont de la création de syndicats libres à la libération des prisonniers politiques en passant par la liberté de l'information, le samedi chômé et l'autogestion. Autre surprise : les négociateurs du pouvoir n'auront plus en face d'eux les seuls délégués mandatés sur le tas par les comités de grèves mais également, flanquant ces derniers, des experts, autrement dit des intellectuels dépêchés par le K.O.R. ; ceux-ci seront à leur tour rejoints par des cerveaux venus du Club des intellectuels catholiques de Varsovie.

La sainte alliance dont le spectre hantait les nuits du régime depuis plus de vingt ans et qu'il avait jusque-là réussi à conjurer est à présent nouée : les travailleurs, la gauche démocratique et l'intelligentsia traditionnelle ont surmonté leurs préventions et dissipé leurs malentendus.

Tous font à présent front commun face au système. Celui-ci déjà discrédité, divisé, est pris de court. Et contraint de céder. A Gdansk, le Vice-Premier ministre Jagielski avale l'énorme potion des 21 « postulats » avancés par ses interlocuteurs et signe avec Lech Walesa les accords du 31 août.

La Pologne est retournée comme un gant. Plus rien, pense-t-on alors, ne sera plus jamais pareil. Une formidable brèche a été ouverte dans le « socialisme réel ». Toute la nation polonaise va s'y engouffrer. En quelques semaines, dix millions d'ouvriers vont adhérer au syndicat libre baptisé du nom symbolique de *Solidarité.* Le Club des Intellectuels et Créateurs artistiques va négocier d'arrache-pied une nouvelle loi qui limite considérablement les prérogatives de la censure, élément clé du système. La télévision se métamorphose grâce à des journalistes courageux qui ne craignent plus de harceler les responsables de la politique et de l'économie. De même seront librement évoqués — et d'une manière étonnamment sereine —, les épisodes tabous du passé national, telles les occupations étrangères. Solidarnosc sera libre de publier un journal portant son nom.

Le bouillonnement des esprits gagne vite toutes les régions et tous les secteurs de la vie sociale. Paysans et étudiants par exemple, exigent et obtiennent peu ou prou, les droits fondamentaux concédés aux ouvriers. Le système, dans un premier temps, paraît ébranlé jusque dans ses fondements : un tiers des membres du Parti passent avec armes et bagages dans les rangs de Solidarité.

Les mercuriales de plus en plus véhémentes de la maison mère ne vont d'ailleurs pas tarder à se multiplier, visant tout à la fois Solidarnosc et la mollesse dont fait preuve le parti frère dans ses réactions. De fait, les apparences semblent donner raison aux médias soviétiques. A la tête du Parti, Gierek a passé la main (officiellement pour raison de santé). L'homme qui lui succède sans avoir la popularité de Gomulka « du printemps d'Octobre » ou du Gierek version « décembre 70 » n'est cependant pas trop mal vu par l'opinion. Stanislaw Kania est un « bon gros » de tempérament jovial dont la population retient surtout que l'année précédente, il s'est ostensiblement prononcé en faveur de la visite du pape à laquelle tentait de s'opposer Jaroszewicz ; on pense un peu moins aux autres « attributs » du nouveau promu, à savoir la haute main qu'il détient depuis longtemps déjà sur la police et l'encadrement idéologique de l'armée. Lorsque Jaruzelski qui, entre-temps, aura concentré tous les pouvoirs et évincé Kania, se servira de ces instruments pour son « 18 Brumaire », on se rendra compte qu'ils étaient restés en parfait état de marche... De là à penser que la bienveillance de Kania envers le Saint-Père était toute tactique et visait à faire de lui un successeur acceptable de Gierek il n'y a qu'un pas... que l'homme de la rue franchira un peu tard. De même le peu de vigueur montré par le même Kania à empêcher la déliquescence de la structure civile du Parti n'avait peut-être pour but que de masquer la consolidation de l'appareil militaro-policier.

De fait, le pouvoir dont les griffes restent soigneusement rentrées semble avoir opté pour une stratégie qui combine le freinage et la mauvaise foi. Lorsque arrivera le coup du 13 décembre, la nouvelle loi syndicale, pierre angulaire de l'édification de la nouvelle Pologne, n'est toujours pas votée. Ce qu'il ne peut retarder ad vitam, le régime tente de le rogner. Arguant du chaos économique, il s'efforce de reporter une des concessions majeures faites à Gdansk, l'octroi du samedi chômé ou « libre ». Son obstination contraindra Solidarnosc à transiger. La réforme économique fondée sur l'autogestion fera l'objet d'innombrables déclarations d'intention mais restera lettre morte dans les faits.

Ce n'est qu'à grand-peine et de haute lutte que Solidarité finira par être enregistrée par les tribunaux administratifs comme organisation syndicale légalement habilitée à fonctionner. Une seule promesse sera tenue sur-le-champ : la radiodiffusion de la messe dominicale, le pouvoir n'osant pas inclure l'Eglise dans sa stratégie du pourrissement ; un autre engagement sera honoré dans un délai raisonnable, peut-être parce que les « forces de l'ombre » auront là quelque peu perdu le contrôle de la manœuvre. Le Parlement votera en effet avant le 13 décembre la loi libéralisant la censure. Mais ce Parlement alors échappe en partie à l'emprise du système. Les partis bidons qui y étaient représentés « pour la galerie », le parti paysan et le parti démocrate (censé défendre les intérêts des petits artisans...) jusque-là satellites dociles du P.C., se rebiffent et font mine de vouloir jouer pour leur compte. Plusieurs des députés indépendants (sans parti) qui siégeaient eux aussi comme figurants élèvent la voix pour se faire les porte-parole de la population, et l'on voit même quelques députés du P.C. faire chorus. A deux ou trois reprises, le pouvoir doit se démener pour éviter de justesse un vote majorité contre opposition où le P.C. serait isolé comme dans un vulgaire Parlement « bourgeois ».

Au mois de juillet 1981, c'est l'ensemble du système qui donne l'impression de basculer irréversiblement dans le changement. Le caméléon du communisme polonais, Miecryslaw Rakowski, journaliste de talent et tenu pour l'incarnation de la tendance « libérale » dans la sphère dirigeante, fait un discours remarqué au congrès du Parti où il invite ce dernier à cesser d'avoir peur du « Renouveau » et, même d'en prendre la tête.

Mais la mariée n'est-elle pas trop belle ? Un quarteron de durs dont l'un des chefs de file, Albin Siwak, apparaîtra dans nos blagues, a pris Kania et Rakowski pour cible et formé le carré autour du journal de l'Armée *Zolnierz Wolnosci* (le Soldat de la liberté...) qui tire à boulets rouges sur Solidarité.

Dès le mois de février 1981, le général Jaruzelski s'est vu confier la fonction de Premier ministre et « coiffe » de plus en plus Kania, cependant que dans le pays la tension monte de mois en mois. A la lenteur dans la mise en œuvre des réformes promises viennent s'ajouter des provocations « d'éléments incontrôlés » contre Solidarité et ses militants (la plus notoire aura lieu à Bydgoszcz en mars quand les locaux du syndicat seront envahis et ses militants matraqués). Ces mêmes provocateurs iront, çà et là, profaner des tombes de soldats soviétiques dans le but évident d'étayer les accusations d'anti-soviétisme lancées contre Solidarité depuis Moscou.

Les couches les plus attachées au Renouveau, jeunes ouvriers, étudiants, intellectuels ripostent durement. Des grèves, le plus souvent isolées mais nombreuses, éclatent un peu partout dans le pays, et cette fois c'est au tour de Walesa de devoir jouer partout les pompiers. La population dans son ensemble réagit avec colère à la divulgation des turpitudes des dignitaires de l'ancienne équipe. Les principales cibles de la vindicte populaire, en raison de leur caractère « exemplaire », seront le fils d'Edward Gierek et son meilleur ami Sczczépanski, ancien directeur de la télévision, tous deux grands amateurs de luxueuses villas (dont certaines en Grèce ou au Kenya !), de piscines en mosaïque, de comptes bancaires en Suisse et de ballets aussi roses que leur conception très particulière du socialisme... Ces scandales qui dépassent ce que les moins bien informés pouvaient soupçonner, sont autant d'huile jetée sur le feu qu'allume une autre révélation, (plus précisément une confirmation officielle) : la Pologne doit aux gouvernements et aux banquiers occidentaux la coquette somme de 27 milliards de dollars.

La mise en jugement de Gierek et de Jarosewicz est certes évoquée mais elle n'aura pas lieu... ni avant ni après le 13 décembre.

Dès lors, ici et là, la population juge plus expédient de se faire justice elle-même. Dans le sud-est du pays notamment, les habitants des campagnes et des petites villes occupent d'autorité les « datchas » des « nomenklaturistes » et exigent la mise à la disposition du public des hôpitaux réservés aux membres du Parti ou à la police. La caste dirigeante, contrée dans l'exercice de son pouvoir politique, est à présent menacée dans ses privilèges matériels. La cote d'alerte est presque atteinte. Elle le sera tout à fait au mois de septembre.

C'est ce mois-là qu'à Gdansk, son berceau, Solidarité a choisi de tenir congrès. Il s'agit de faire le point d'un an d'activité et de coexistence tumultueuse avec le pouvoir mais aussi pour la première fois d'élire une direction. Beaucoup de délégués sont en proie à un mélange de sentiments et d'aspirations détonant et dangereux. A côté de l'exaspération devant la lenteur des réformes, voire les pas en arrière qu'il a fallu faire, existe la sensation de détenir une force capable de faire plier le pouvoir pour de bon et de tenir en échec toute contre-attaque de sa part. Aussi bien, Solidarnosc esquissera un vague plan de riposte à une intervention soviétique, mais sera totalement prise au dépourvu par la contre-offensive « interne » qui lancera Jaruzelski trois mois plus tard. Surestimant leur puissance, beaucoup de militants, trompés par la décomposition du Parti, sous-estimeront les forces qu'il tient en réserve et qu'il puise dans l'appareil de l'Etat.

C'est en vain que les réalistes conduits par Walesa s'efforceront de tempérer certaines ardeurs trop belliqueuses. Ceux-là, coincés entre la mauvaise volonté du pouvoir et l'impatience de leurs troupes éprouvent de plus en plus de difficultés à faire prévaloir une stratégie aux contours volontairement vagues, qui se résumait à peu près de la manière suivante : « procurer à la société les moyens d'une codécision dans les domaines qui sont pour elle essentiels ». Même l'immense prestige personnel de Walesa et le soutien non équivoque qu'il reçoit de l'Eglise (laquelle désire à la fois garder une large influence sur le mouvement par le biais des hommes qui se sont placés continuellement sous son patronage et éviter un choc en retour du pouvoir qui l'atteindrait elle-même) ne peuvent suffire à contenir les débordements.

L'électricien de Gdansk sera bien élu président en bonne et due forme du syndicat libre (il l'était jusque-là « de facto » en raison de son rôle et de son ascendant personnel), mais il n'obtiendra que 55 % des suffrages et, plus grave, il n'aura pu s'opposer au vote de plusieurs résolutions qui feront que la cote d'alerte cette fois sera atteinte et sans doute même largement dépassée. Les deux plus notoires sont l'exigence d'élections libres et le message de Solidarité adressé aux travailleurs des autres pays de l'Est. C'est le défi « urbi et orbi » ; défi au pouvoir local d'abord dont l'arme, comme ailleurs à l'Est est la confiscation du processus électoral par le système de la liste unique, mais défi aussi au reste du bloc qui voit se dessiner la perspective d'une « exportation » du Renouveau polonais. Dans l'optique de Moscou, ce n'est plus le révisionnisme qui guette la Pologne mais bel et bien la contre-révolution. Quelques preuves supplémentaires, sans doute superfétatoires, en seront encore fournies.

Ainsi, à leur plus grand étonnement, les congressistes à Gdansk verront arriver une délégation de policiers (de la Milice plus précisément, c'est-à-dire de la police ordinaire) qui viendront faire part de leur désir de se syndiquer ! Le 5 décembre les sapeurs-pompiers iront plus loin : ils seront le premier corps dépendant du ministère de l'Intérieur à arrêter le travail dans un pays socialiste ! Cette grève, la première à faire l'objet d'une répression brutale, aurait, dit-on, retardé le déclenchement du coup d'Etat d'une semaine.

Celui-ci, aussi bien, se prépare activement. Jaruzelski qui doit en être le maître d'œuvre concentre à cette fin tous les pouvoirs entre ses mains. Dès le mois d'octobre, il évince Kania du poste de Premier Secrétaire qu'il s'approprie, cumulant ainsi, outre la direction du Parti, les postes de Premier ministre, de ministre de la Défense, et de président du Conseil de la Défense. Les dés ont commencé à rouler ; ils ne s'immobiliseront que le 13 décembre 1981 à 0 heure.

***

La plaisanterie, on l'a senti, est l'expression d'une frustration, d'une aliénation. C'est une revanche. Elle prolifère lorsqu'une population se sent marginalisée et impuissante. Il est normal, dès lors, que le phénomène diminue d'intensité lorsque soudain cette même population a le sentiment d'être enfin l'actrice de son propre destin. Parce qu'ils « font » enfin la politique, les gens cessent d'en rire. En Pologne, l'époque de Solidarité, surtout à ses débuts, voit une raréfaction, au moins relative, des blagues. Il subsiste néanmoins assez de phénomènes négatifs pour alimenter malgré tout la verve des satiristes.

La situation économique, par exemple, va s'aggraver, en partie du fait des grèves qui désorganisent une économie déjà délabrée, en partie par la volonté du pouvoir qui veut discréditer Solidarité et ses revendications ; de même sont évoqués les règlements de comptes dans le Parti qui tantôt inquiètent, tantôt amusent la « société ». Il en est de même des angoisses du « Grand frère » qui expliquent la vogue des histoires mettant en scène Lénine revenu sur terre. Mais il arrive aussi que des évolutions positives donnent lieu à des blagues comme par exemple l'évocation, enfin permise, des épisodes tabous du passé.

***

Kania est las des convulsions de la Pologne en cet été d'orage 1981. L'heure est venue pour lui de s'en aller comme chaque année en Crimée dans les jolies colonies de vacances aménagées pour les dirigeants méritants des pays frères par les maîtres du Kremlin. Mais peut-il vraiment laisser le pays dans l'état d'agitation où il se trouve ?

C'est alors que lui vient l'idée de joindre l'utile à l'agréable. Il convoque au palais du Belvédère ce Walesa dont on lui rebat les oreilles depuis quelques semaines.

— Je vais vous étonner, fait Kania à son hôte forcé ; j'ai décidé de vous confier le pouvoir pendant mon mois de vacances. Vous qui prétendez détenir les remèdes à tous les maux dont souffre la Pologne, vous allez être mis à l'épreuve. Je vous donne quatre semaines pour résoudre trois problèmes qui m'empoisonnent passablement : la pénurie de logements, la pénurie de viande et la fréquentation excessive des églises qui me fait montrer du doigt par nos frères étrangers. Ce sera quitte ou double. Si vous réussissez, je vous nomme Premier ministre ; si vous échouez, je vous garantis que le monde et la Pologne cesseront à jamais d'entendre parler de Lech Walesa.

Ravi du bon tour qu'il vient de jouer à son encombrant rival, Kania s'envole pour Sotchi.

De retour un mois plus tard et impatient de voir comment l'électricien outrecuidant de Gdansk s'est mélangé les pinceaux dans le gouvernement de l'ingouvernable Pologne, Kania prend place dans la Mercedes qui l'attend à l'aéroport. A sa grande stupeur, sur tout le trajet de Varsovie, des affichettes innombrables, jusque-là inconnues en Pologne, ornent les fenêtres : « A vendre, à louer ».

Envahi par le doute, Kania fait arrêter sa voiture devant trois ou quatre boucheries : toutes ont mis en vitrine des morceaux de victuailles.

Eberlué, le Premier Secrétaire se fait conduire dans la vieille ville de Varsovie où les églises abondent. C'est dimanche et pourtant les lieux de culte sont plus déserts que dans la Crimée d'où il revient. Abasourdi, n'en croyant pas ses yeux, Kania, sitôt rentré au palais du Belvédère, convoque celui qu'il craint maintenant de devoir nommer Premier ministre.

Walesa paraît, goguenard et la moustache avantageuse. Kania, à contrecœur le félicite et sans plus attendre lui pose la question qui lui brûle les lèvres :

— Comment as-tu fait ?

— C'est très simple, répond l'autre. Pour ce qui est du logement, j'ai ouvert les frontières occidentales : l'offre a immédiatement dépassé la demande. Pour la viande, j'ai fermé les frontières orientales ; le même phénomène économique s'est produit.

Kania fait la grimace :

— Mais pour les églises, comment t'y es-tu pris ?

— C'était encore plus simple : j'ai obtenu du primat que tous les offices commencent par une prière à votre intention...

***

Au congrès de Solidarité, en septembre 81 à Gdansk, Walesa, qui a posé sa candidature à la présidence du syndicat, doit affronter des concurrents aux vues plus radicales. Un de ses partisans fait de la retape dans les couloirs :

— Il faut voter Walesa pour barrer la route à Rulewski : c'est un extrémiste romantique...

— Romantique ?

— Il veut porter la frontière polonaise sur l'Amour.

***

L'institutrice, la veille, a longuement entretenu ses élèves de la plus grande des insurrections nationales de l'autre siècle, celle de 1830. Elle interroge le petit Tomek :

— Tomek, dis-nous ce que tu sais de la grande insurrection ?

— Eh bien, fait Tomek qui se gratte le crâne, tout ce que je peux dire c'est qu'elle arrivera bientôt parce qu'à la maison la grande insurrection, on en parle tout le temps.

***

Au cours d'Histoire nationale, l'instituteur interroge le petit Tomek :

— Quelle est la grande insurrection qui a eu les conséquences les plus dramatiques pour la Pologne ?
— Octobre 1917...

***

La Pologne officielle a décidé de changer d'emblème national : l'aigle sera remplacé par le kangourou. Pourquoi ?
— Parce que le kangourou fait de grands bonds en avant avec une poche vide...

***

Pourquoi la méfiance règne-t-elle en Pologne ?
Parce qu'il n'y a jamais eu qu'un seul communiste à la fois mais personne n'a jamais su qui...

***

Kowalski et Nowak, tous deux membres du Parti, discutent de la désaffection qui frappe ce dernier depuis les accords de Gdansk.
— Il paraît qu'ils ont mis au point un système de récompense pour ceux qui recruteront des nouveaux membres, dit Kowalski.
— Ah bon ? fait Nowak intéressé. Quelle récompense ?
— Désormais, qui amènera un nouveau membre sera dispensé de cotisation pendant six mois.
— Et si on en amène deux ?
— On aura le droit de quitter le Parti...
— Et trois ?
— On recevra une attestation comme quoi on n'a jamais appartenu au Parti...

***

Lénine vient d'apprendre les événements de Pologne. Il réfléchit longuement et cette fois c'est lui-même qui demande à être entendu par le Politburo.

— J'ai ouï dire, déclare-t-il, que depuis ma mort, la radio a fait d'immenses progrès et que notre illustre Popov a même inventé un procédé de diffusion simultanée de la parole et de l'image que vous appelez télévision. Je voudrais utiliser ces moyens pour adresser un message au monde.

Comment refuser une telle faveur au grand Lénine ? On y songe d'autant moins que l'annonce de sa résurrection — tenue secrète jusque-là et qui est pourtant une nouvelle prouesse de la science soviétique —, ne peut qu'arranger les affaires du communisme un peu terni par les événements de Pologne.

Vingt-quatre heures plus tard, Intervision et Mondovision sont à pied d'œuvre. Le monde entier suspend son souffle. Déjà les caméras ronronnent et les micros sont branchés. Enfin, l'image du prophète apparaît sur les petits écrans. Il reste quelques instants silencieux puis d'une voix enrouée déclare :

— Prolétaires de tous les pays, je n'ai qu'un mot à vous dire...

Lénine observe un nouveau silence et des milliards de téléspectateurs étonnés voient deux grosses larmes couler le long de ses joues. Enfin il articule :

— Pardon, pardon, pardon...

***

Sitôt revenu parmi les vivants, Lénine a exigé de la part du Politburo un exposé complet et impartial de la situation intérieure et internationale, de 1924 à nos jours...

L'exposé est long mais Lénine écoute patiemment sans jamais interrompre.

Lorsque le dernier orateur est allé se rasseoir, le ressuscité se prend la tête à deux mains et réfléchit plusieurs minutes. Tous le contemplent anxieusement. Enfin, Lénine se redresse.

— Camarades, je vous ai écoutés avec beaucoup d'intérêt et je suis arrivé à la conclusion que l'expérience communiste doit être reprise à zéro.

Un long silence s'établit ; les dignitaires du Politburo baissent la tête devant ce jugement sévère.

— Mais qu'entendez-vous par là concrètement, camarade Lénine ? ose enfin interroger Brejnev d'une voix timide.

— Concrètement, cela veut dire que je retourne en Suisse, répond Lénine...

***

La langue de bois.

Cette langue-là n'est pas de celles qu'enseigne Berlitz ; son utilité est pourtant évidente pour comprendre le fonctionnement du pouvoir dans le « socialisme réel ». En fait, c'est la langue du pouvoir ; peut-être pas à l'intérieur des hautes sphères dirigeantes mais aux échelons subordonnés et dans les rapports que le pouvoir entretient avec ses sujets. Il s'agit d'une langue « liturgique » faite de mots et formules clichés dont la possession et surtout l'usage renseignent sur le statut et le rôle de ceux qui la parlent. Ils sont les mandarins du système.

Cette langue n'a pas pour but de décrire ou de nommer les réalités, mais au contraire de les occulter ou de les escamoter derrière un rideau de fumée. On peut même ajouter : de les exorciser car plus la réalité s'acharne à démentir les dogmes du système, plus fréquent sera le recours à cette liturgie et plus absconses seront les formules employées. Ces formules sacrées n'ont pas à se plier aux réalités, c'est l'inverse : Lorsque la réalité s'inscrit en faux contre le discours, la coupable c'est elle et il faut la dissoudre, comme le peuple qui a mal voté selon la terrible boutade de Bertolt Brecht.

La langue de bois restera toujours fidèle aux dogmes qui la sous-tendent et ne fera pas de concessions à la réalité qui les bafoue. Elle est avec la police politique l'instrument le plus sûr du pouvoir... et le moins coûteux. Il n'est pas surprenant qu'avec cette même police, elle soit la cible de tous ceux qui n'appartiennent pas à la caste des mandarins et subissent leur joug. Le contraste entre cet amas de lieux communs pontifiants et pesants, d'une part, la réalité qui les dément parfois cruellement d'autre part, irrite, voire exaspère autant sinon plus qu'il ne fait rire. Beaucoup de nos blagues en portent directement ou indirectement témoignage.

L'immense effort entrepris par Solidarnosc, non seulement dans le but de limiter la toute-puissance du système mais aussi de lui donner plus de transparence et de restituer à la vie sociale économique et culturelle un minimum d'authenticité, devait conduire à une dénonciation de la langue de bois.

Elle est venue sous la forme de l'encart suivant paru dans un quotidien de Varsovie peu avant l'état de siège ; une publication qui, par parenthèse, en dit long sur le climat inusité de liberté qui s'était instauré en Pologne après les accords de Gdansk et avant la reprise en main des militaires.

La grille ci-dessous comporte quarante éléments répartis en quatre colonnes. Chacune comporte dix membres de phrases. La colonne I contient dix débuts de phrases, la colonne II dix suites de phrases ; la colonne III dix suites supplémentaires et la colonne IV dix conclusions de phrases.

Les éléments ainsi fournis peuvent être combinés entre eux indifféremment à condition toutefois de les placer dans l'ordre allant de I à IV. Ainsi, par exemple, on pourra former une phrase avec le début suggéré au 3 de la colonne I, la première suite suggérée au 5 de la colonne II, la deuxième suite suggérée au 7 de la colonne III et la conclusion générale suggérée au 9 de la colonne IV. Cela donnera en l'espèce :

Selon certaines sources, le nouveau modèle organisationnel de notre fonctionnement permet dans une plus large mesure la création du modèle de développement.

Nous laissons au lecteur la joie de se livrer lui-même à d'autres expériences en l'informant qu'il pourra prétendre avoir acquis une parfaite connaissance de la langue de bois lorsqu'il aura effectué les dix mille combinaisons qui, selon les auteurs anonymes de la grille, sont possibles à l'aide des éléments fournis...

Bon courage !

Kowalski rencontre son vieux camarade de cellule Nowak qui l'admoneste en ces termes :

— Tu as encore manqué la dernière réunion du Parti.

— Oh merde ! si j'avais su que c'était la dernière...

***

I	II
1. Camarades	La réalisation des tâches définies par le programme
2. D'autre part	l'étendue et l'importance de la préparation des cadres
3. Selon certaines sources	l'augmentation permanente de la quantité ainsi que de l'étendue de nos activités
4. N'oublions cependant pas que	la structure actuelle de notre organisation
5. De cette manière	le nouveau modèle organisationnel de notre fonctionnement
6. La pratique quotidienne prouve que	le développement ultérieur des diverses formes de notre activité
7. Le poids et l'importance de ces problèmes font qu'il n'est pas nécessaire de les justifier étant donné que	le renforcement constant de l'information et de la propagande sur nos activités
8. Les diverses et riches expériences font que	l'intensification et l'essor de nos structures
9. Le souci de l'organisation fait que	la consultation entreprise au sein de l'opinion la plus large
10. Les principes fondamentaux de notre idéologie ainsi que	le fait d'avoir entamé une action profonde dans le but de façonner les attitudes

III	IV
1. nous oblige à procéder à l'analyse	de structures nouvelles de gestion et de financement
2. remplit un rôle essentiel dans la définition	de tendance ultérieure de développement
3. exige une définition meilleure et plus précise	d'un système généralisé de participation
4. aide à la préparation et à la réalisation	des attitudes des participants face aux tâches que l'organisation impose
5. garantit la participation la plus large à la définition	de nouvelles propositions
6. comble une lacune dans l'établissement	des tendances d'une éducation progressiste
7. permet dans une plus large mesure la création	d'un système de préparation des cadres conforme à nos besoins
8. provoque une meilleure appréciation de l'importance	des conditions optimales d'activisation
9. représente une tentative audacieuse de vérification	du modèle de développement
10. a pour conséquence la naissance d'un processus de mise en place et de modernisation	des formes d'action

— Camarade Lénine, la contre-révolution fait rage en Pologne et nous ne savons pas bien quelle ligne générale adopter...

— C'est pourtant clair, rétorque Lénine, distribuez des armes aux ouvriers...

***

A partir d'août 1981 et pour la première fois depuis octobre 1956, l'opinion publique devient un facteur de la politique polonaise ; le pouvoir est sur la défensive. La presse, la télévision, surtout, emboîtent le pas à Solidarité pour dénoncer ses excès, ses carences et ses turpitudes. Il lui faut donc donner des gages et persuader le peuple qu'il peut et veut s'amender. Ce sera l'occasion pour les dirigeants les moins compromis de régler leurs comptes avec leurs petits camarades...

A la tête de la Cour des Comptes, précisément, le général Moczar, ex-dur des durs et antisémite notoire en 1968 entreprend de se refaire une virginité en traquant les profiteurs et les combinards ; au moins de ceux qui étaient proches de Gierek à présent évincé.

L'escargot a pris la route ; il chemine avec une vitesse inhabituelle qui surprend le renard. « Qu'est-ce donc qui te fait te mouvoir si vite ? » interroge maître Goupil. « Hélas, fait le gastéropode essoufflé, il me faut fuir. La N.I.K. (sigle polonais de la Cour des Comptes) veut faire passer en justice tous ceux qui jouissent d'avantages indus. Or tu le sais, je possède une maison pour laquelle je n'ai pas de titre de propriété. »

Le renard réfléchit une seconde et s'enfuit ventre à terre. Il parcourt des milles avant de reprendre haleine. Il croise la cigogne qui à son tour s'étonne.

« Que chasses-tu donc avec tant d'ardeur ? » demande l'oiseau au quadrupède. « La N.I.K. traque les privilégiés, lance Goupil haletant ; or, je possède une fourrure que je ne saurais justifier... » A ces mots, la cigogne prend son vol ; elle gagne l'Afrique où le lion s'étonne de la voir avant le temps des migrations.

La cigogne entreprend de lui expliquer ce qui se passe en Pologne et les intentions prêtées à la N.I.K. « Mais toi, pourquoi fuis-tu ? » interroge le roi des animaux. « C'est qu'ils vont aussi supprimer les voyages à l'étranger », réplique la cigogne. Le lion regarde l'oiseau porte-bonheur prendre son vol, réfléchit quelques secondes et s'ébranle à son tour dans une course majestueuse. Bien loin au sud, le seigneur de la forêt fait halte au pied d'un arbre. C'est l'heure paisible où les lions vont boire... Un singe qui l'a vu s'est prudemment juché sur la plus haute branche. De là, il se hasarde à interpeller le noble intrus :

— Qu'est-ce donc qui nous vaut l'honneur de votre visite, Majesté ?

Le lion daigne faire au singe un récit de la situation qu'il conclut par ces mots :

— Le communisme a déjà pris pied en Afrique et quand il y aura triomphé on y rationnera la viande comme en Pologne. Or tu sais ce qu'il m'en faut pour calmer mon appétit. Alors, comme l'escargot, le renard et la cigogne, je prends du champ.

Un long silence s'établit. Le singe réfléchit :

— Moi, je ne fuirai pas, finit-il par dire sur un ton mélancolique.

— Et pourquoi cela ?

Le singe se tait à nouveau quelques secondes et soudain fond en larmes.

— Mais qu'as-tu ? interroge le lion étonné.

— Je viens de découvrir que je suis communiste, articule le singe entre deux sanglots.

— Explique-toi !

— C'est pourtant simple : je n'ai pas de maison, ma fourrure est sans valeur. Je ne voyage que dans mon arbre et je ne suis pas carnivore...

***

Un étranger interroge Kowalski :

— Pourquoi tout va-t-il plus mal en Pologne que dans le reste du monde communiste et pourquoi tous vos pays frères vous montrent-ils du doigt ?

Kowalski réfléchit quelques instants et dit :

— On pourrait comparer le camp socialiste à un bassin de natation dans lequel tous les nageurs satisferaient leurs petits besoins. Tant qu'ils les font dans l'eau, personne ne s'en émeut. Mais si quelqu'un se met à faire la même chose du haut du plongeoir, c'est tout de suite un scandale...

***

Jaruzelski est furieux : on vient de lui apprendre que le camarade Rakowki a été vu se rendant à une messe au petit matin. Il convoque l'intéressé.

— Je sais que ton opportunisme est légendaire, lui dit-il. Après avoir flirté avec les libéraux et presque avec les contestataires, après t'être ensuite rallié à ma politique, tu t'acoquines maintenant avec l'Eglise. Peux-tu m'expliquer cela, je te prie ?

— Oh ! j'allais juste à une toute petite messe, soumettre à Dieu une requête que personne d'autre n'a voulu satisfaire.

— Et quelle requête, s'il te plaît ?

— Une augmentation...

— C'est bon pour une fois mais, à l'avenir, viens me trouver d'abord, je déteste qu'on ne respecte pas la voie hiérarchique...

***

Kowalski à Nowak :

— Le mois prochain les traitements seront payés le 28 de chaque mois.

— Le 28 ! Pourquoi cela ?

— Pour que les gens puissent tenir jusqu'au 1er...

***

Au cours de l'orageux été 80, Stanislaw Kania a succédé à Gierek. Tout en pratiquant une souplesse (au moins apparente, comme on l'a vu) envers Solidarité, le nouveau Premier Secrétaire n'est pas moins soucieux de manifester son loyalisme envers le Kremlin qui de plus en plus fronce les sourcils. Pour ce faire, Kania se rend à Moscou. Il y est reçu sans chaleur mais avec les honneurs qui lui sont dus, y compris les traditionnelles accolades à la russe. Brejnev qui est venu l'accueillir va le saluer à son départ. Mais c'est un Brejnev déjà très atteint par l'âge et dont les « absences » fréquentes inquiètent son entourage.

L'avion qui ramène Kania à Varsovie a déjà décollé quand le vieux maître du Kremlin agite encore mécaniquement une main tremblante.

— Gierek, Gierek, murmure le podagre les yeux vagues et mi-clos.

Autour de lui, les mines s'allongent. Tout le monde regarde le médecin qui fait un geste d'impuissance.

— Gierek, répète Brejnev, lui, au moins, il savait embrasser...

— Est-il vrai que le camarade Albin Siwak, membre de la direction du Parti frère polonais, est un idiot complet ?

— C'est faux : il manque au camarade Siwak un œil et un doigt..., suite à un accident du travail (Authentique. N.D.L.R.).

***

Albin Siwak a entrepris de corriger dans l'opinion l'image de brute inculte que tracent de lui ses adversaires. Il a décidé de visiter le musée national de peinture... sous l'œil des caméras de la télévision convoquée pour la circonstance. Plusieurs jours et plusieurs nuits durant, il s'est plongé dans les livres d'art et a potassé le catalogue du musée. La visite commence bien. Siwak identifie à haute voix sans se tromper plusieurs Canaletto et Matejko qui ornent le musée. Soudain, il tombe en arrêt devant une cimaise :

— C'est sans doute un Goya sur le thème des Horreurs de la Guerre, dit Siwak sur un ton doctoral.

— Exactement, répond le directeur tout sourire.

— Mais dites-moi, fait Siwak, pourquoi l'encadrement est-il en argent et non en bois doré comme pour les autres tableaux ?

— Rien n'échappe à votre œil exercé, camarade Siwak, répond le directeur. C'est effectivement le cadre d'un miroir...

***

Le député Kowalski a déposé sur le bureau de la Diète une proposition de loi prévoyant la création d'un ministère de l'Espace.

— Mais nous n'avons ni vaisseau ni astronaute dans le cosmos, lui fait observer le président. Que gérerait donc votre ministère ?

— Nous avons bien un ministère de la Justice...

CHAPITRE VII

Jaruzelski : rouge impair et impasse

« Ils viennent m'arrêter... Adieu. » Krystof Sliwinski ne raccrochera même pas son téléphone : les hommes en armes qui ont fait irruption dans la pièce ne lui en laisseront pas le temps. Et quelques secondes plus tard, la voix angoissée qui continue d'appeler au bout du fil va se taire soudainement. Le correspondant lui non plus n'aura pas besoin de mettre fin à la communication car ce dimanche 13 décembre à 0 heure en Pologne le téléphone a cessé de fonctionner sur tout le territoire.

Au même moment, presque à la même minute, cinq mille personnes au moins vont subir le sort de Sliwinski, l'un des principaux responsables de la branche varsovienne de Solidarité, dont les dirigeants seront cueillis à leur bureau de la rue Mokotowska là où, le lendemain, la télé allemande filmera l'image bouleversante d'une femme à genoux implorant l'aide du monde entier.

La plupart de ceux qu'on appellera les « internés » seront amenés en robe de chambre ou en pyjama malgré les rigueurs de l'hiver. A Gdansk, les principaux dirigeants de Solidarnosc, Walesa en tête, seront capturés au sortir d'une réunion de travail. Aux premières heures du dimanche matin, en allumant la radio qui diffuse presque sans discontinuité le discours du général Jaruzelski annonçant l'état de siège avec toutes ses rigueurs, couvre-feu, restrictions de déplacements, suspension des syndicats, internement, etc., les Polonais sont frappés de stupeur. Solidarité et toutes les organisations qui gravitent autour d'elle se retrouvent prises dans les mailles d'un filet déjà trop serré pour qu'elles puissent s'en dépêtrer. L'interruption des communications téléphoniques achèvera de paralyser toute tentative de résistance organisée de la Pologne du Renouveau déjà décapitée par les rafles de la nuit. La réquisition militaire dissuadera les agents des services publics de riposter au coup de force par la grève.

Des grèves, pourtant, il y en aura dès le lendemain, les travailleurs s'efforçant d'organiser la résistance dans leurs entreprises. Les mineurs de Silésie seront les plus coriaces et c'est dans leur région que se déroulera une tragédie qui éclaboussera de quelques gouttes de sang supplémentaires les mains du régime.

Dans la mine de Wujek, les gueules noires s'opposent farouchement à l'irruption des zomos qui veulent les remettre au travail. Sept d'entre eux tomberont sous les balles des sbires de ce que la presse mondiale appelle déjà « le communisme en uniforme ». A Piast, les mineurs retranchés au fond n'accepteront de remonter qu'à la veille de Noël, quand tout espoir sera — momentanément — perdu. A Gdansk, au mois de janvier encore, des dizaines de milliers de personnes ne craindront pas de descendre dans la rue.

Ces événements et ceux qui les ont suivis sont

Série de timbres édités par les clandestins relatant la lutte de la Pologne contre le bolchevisme et pour sa liberté.

Enveloppe avec timbre et vignettes imprimés au camp d'internés de Bialoleka avec l'insigne de l'Association des internés de Pologne populaire (SIPRL).

Timbres-poste édités par les clandestins à l'occasion de la seconde visite en Pologne de Jean Paul II.

Série de timbres consacrée à «Solidarnosc».

Série de timbres consacrée aux internés.

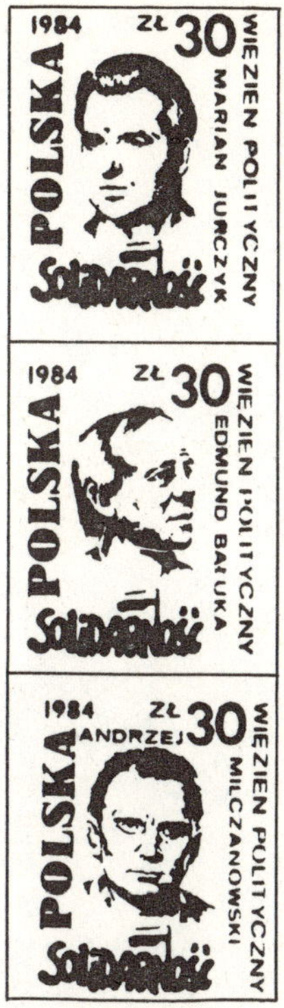

Timbres à la gloire du syndicat hors la loi.

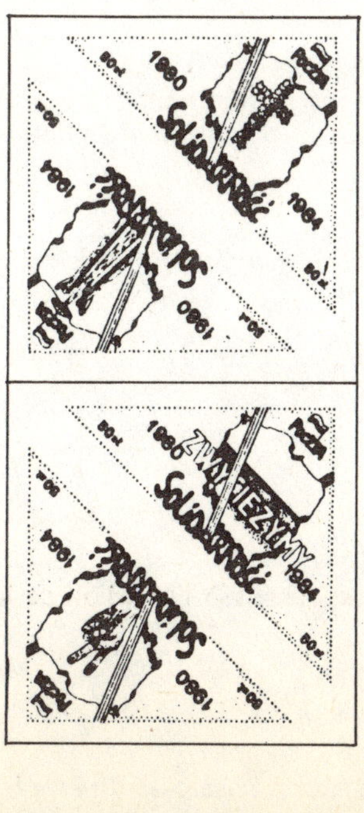

imbre clandestin à la mémoire
du cardinal Wyszynski.

Recto d'un faux billet de banque édité par la clandestinité rappelant les 30 deniers que Jaruzelski a reçus de Moscou.

Recto d'un faux billet de banque de 50 groszy (rappelant par la couleur et la forme le vrai de 50 zlotys) avec une inscription signalant que les billets de banque de la Banque Nationale sont un drôle de moyen de paiement en Pologne.

Faux billet de banque émis à l'occasion du Prix Nobel de la Paix pour Walesa.

Verso d'un billet authentique de 20 zlotys avec une surcharge de «Solidarnosc» pour les élections, rappelant que «Nos candidats sont derrière les barreaux».

Verso d'un billet de 10 zlotys avec surcharge «En t'abstenant, tu votes pour Solidarnosc».

Recto d'un billet de 10 zlotys avec les lunettes de Jaruzelski.

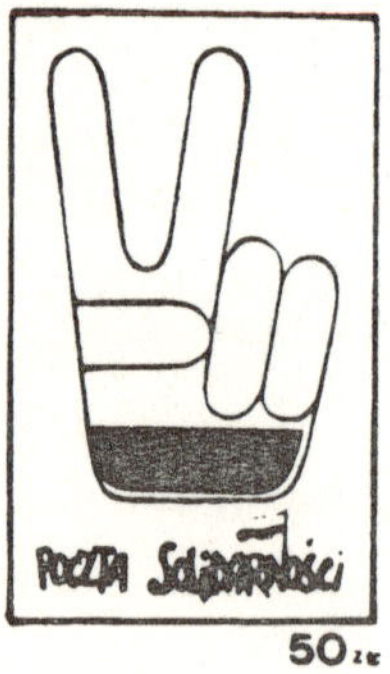

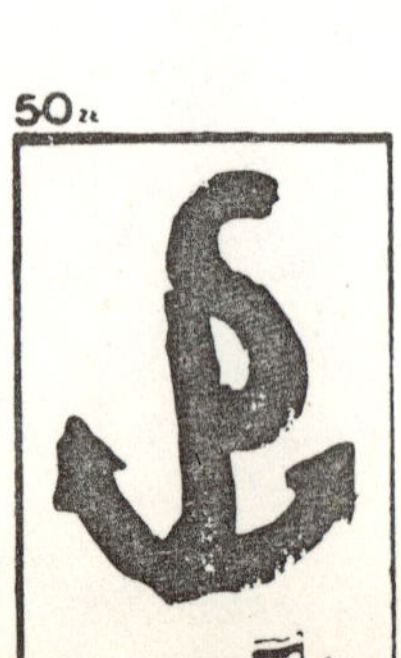

Carte postale et timbres édités par les clandestins dont la vente a pour but de venir en aide à «Solidarnosc».

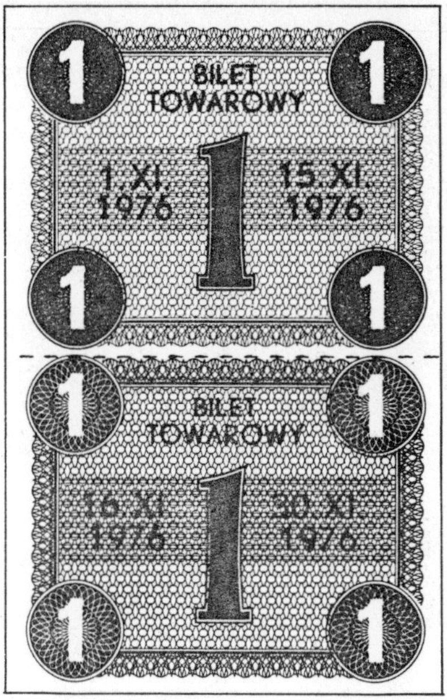

Premier ticket de rationnement pour le sucre (1976).

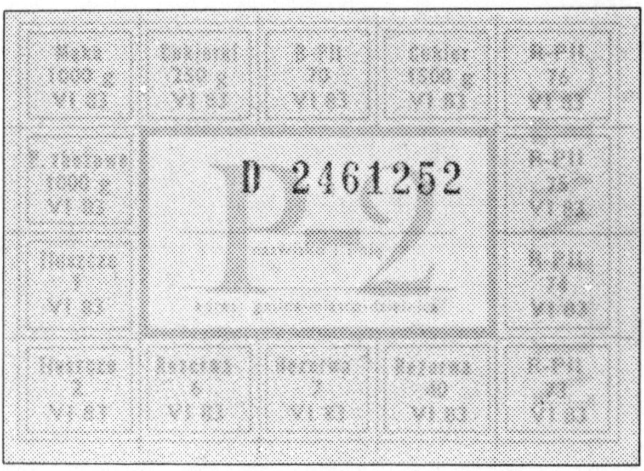

Ticket de rationnement pour la viande, le sucre, les matières grasses, le chocolat (pour les enfants) de 1984.

Papillon annonçant une émission de Radio-Solidarnosc pour le 27 avril 1984 à 19h 30 en FM.

encore présents, pensons-nous, dans les mémoires. Aussi bien, nos considérations introductives à ces derniers échantillons de l'humour d'un peuple en lutte seront-elles plus brèves. Les manifestations diverses du refus de la grande majorité des Polonais d'accepter l'étranglement de leurs espérances, les sanctions occidentales, les difficultés économiques persistantes en Pologne « jaruzelskienne » sont l'objet d'évocations presque quotidiennes dans les médias. Il en fut de même pour la libération de Lech Walesa après un an de réclusion, du Prix Nobel qui lui a été décerné et des manifestations qui depuis trois ans ponctuent chacune des grandes dates anniversaires chères au cœur des Polonais (1er mai, 3 mai, 15 août, 31 août, 11 novembre, etc.).

Les péripéties les plus récentes ont été l'amnistie presque générale à laquelle le régime a dû se résoudre afin de desserrer l'étau des sanctions, américaines essentiellement, dont il continue de faire l'objet, et le boycottage très significatif des élections municipales (au moins 35 % d'abstentions malgré les pressions de toutes sortes).

Nous nous attarderons plutôt sur une autre conséquence du coup d'Etat, une conséquence où d'aucuns ont même cru voir une cause. Dès le mois de février, en effet, le régime sans avoir à craindre cette fois une réaction populaire, procédait à l'« assainissement » de la structure des prix tentée en vain par deux fois jusque-là. Des hausses drastiques atteignant pour certains produits alimentaires jusqu'à trois ou quatre cents pour cent furent introduites cependant que le taux officiel du zloty par rapport au dollar dévaluait spectaculairement. Ces mesures s'accompagnaient de hausses de salaires relativement limitées et bénéficiant surtout aux plus bas revenus.

Elles allaient, toutefois, faire long feu. Les hausses de prix eurent certes pour résultat de faire baisser fortement la pression du consommateur sur le marché, la plupart des Polonais ne disposant plus de liquidités suffisantes pour acheter autre chose que le strict nécessaire. Mais les effets des sanctions occidentales s'ajoutent à la démotivation encore accrue des travailleurs pour conduire à une chute verticale de la production, de nombreux secteurs étant désormais privés de matières premières ou de pièces de rechange indispensables. La politique de déflation désormais suivie remplaçait la pénurie de marchandises par la pénurie d'argent ou, plus exactement, les deux s'additionnaient, aggravant encore les conditions de vie des plus démunis.

Deux ans après le coup d'Etat, on évalua à 30 % la proportion de Polonais vivant en dessous du seuil de pauvreté. On ne s'étonnera donc pas de trouver sous ce chapitre les histoires les plus grinçantes ; celles qui derrière leur drôlerie dissimulent la charge de haine ou de colère la plus forte. Les Polonais qui, durant seize mois, avaient repris goût à la liberté se résignent mal à la reperdre...

L'humour, nous l'avons dit et répété, n'est jamais qu'un acte de résistance spirituelle. A cet égard, il convient de saluer la magnifique démarche de l'intelligentsia polonaise qui, à de très rares exceptions près, a riposté à sa manière au coup de force en refusant, par la poursuite de ses activités, de cautionner le communisme en uniforme. Les intellectuels et artistes polonais en choisissant délibérément le silence ou l'inactivité se sont mués en exilés de l'intérieur. Bon nombre d'entre eux ont cependant prêté leurs concours à Solidarité clandestine qui se trouve en mesure, aujourd'hui encore, d'éditer à travers le pays quelque six cents « zamisdats ». Cette réalité qui ne transparaît guère dans les blagues valait la peine d'être saluée comme elle le mérite.

Nos anecdotes, en revanche, font une large place à celui qui est devenu très vite le Robin des Bois polonais, Zbigniew Bujak, l'un des rares dirigeants de Solidarité à avoir échappé à la police et qui a reconstitué autour de lui l'état-major désormais clandestin du syndicat libre. Ce que nous appelons en français état de siège ou loi martiale se dit en polonais « état de guerre ». Et c'est bien l'écho d'un pays en guerre, plus précisément d'un pays occupé, que nous renvoie cette dernière fournée d'histoires. Outre la saga personnelle de Bujak, on y trouvera le reflet d'une colère et d'une rage impuissantes qui percent clairement derrière leur « sublimation » humoristique ; la phobie et le dégoût des uniformes omniprésents apparaissent sous une lumière crue ainsi que les témoignages de la résistance, non violente mais multiforme, qui continue d'exister avec ses hauts et ses bas.

Mais on voit aussi renaître la peur, et certaines blagues rappellent celles colportées sous la période stalinienne.

***

Il est neuf heures du soir et un coup de sonnette insolite vient de frapper de terreur la famille Kowalski. Chacun interroge les autres du regard pour savoir qui ira ouvrir, mais personne ne se décide.

Finalement, le grand-père octogénaire se lève avec difficulté et en soupirant. Il lui faut traverser plusieurs pièces avant d'atteindre la porte d'entrée et entre-temps la sonnerie a retenti plusieurs fois, à chaque coup plus impérieuse. Enfin le grand-père a ouvert la porte. Un bruit de voix indistinct parvient aux autres membres de la famille qui retiennent leur souffle. Enfin, la porte se referme et l'on entend le pépé crier :

— Ce n'était rien, ne vous inquiétez pas. C'était seulement le voisin du palier.

— Qu'est-ce qui lui prend de nous déranger à pareille heure ? gronde le fils Kowalski accouru vers le grand-père.

— Il venait seulement nous avertir qu'il y a le feu dans l'immeuble...

***

A l'occasion de la fête nationale, le général Jaruzelski a fait un cadeau à ses « sujets ». Il leur a offert une troisième chaîne de télévision.

Kowalski est rentré harassé du turbin. Pour se détendre, sans trop y penser, il a allumé la télé restée branchée sur la première chaîne, la « noir et blanc ». Kowalski pousse un juron sonore : Jarulzelski, encore lui, vient d'apparaître pour prononcer un discours qui ne s'annonce pas court. En grommelant et par acquit de conscience, Kowalski passe sur la seconde chaîne : Jaruzelski réapparaît brusquement, en couleurs cette fois.

De guerre lasse, Kowalski s'apprête à éteindre le récepteur lorsqu'il se souvient brusquement du « cadeau » du gouvernement. Il décide d'aller voir sur la nouvelle chaîne. A son grand étonnement, l'écran est vide et le son est constitué par l'indicatif de la radio : la grande *Polonaise* de Chopin.

Mais soudain l'écran s'anime et selon un procédé connu, une image se structure peu à peu : c'est une forme humaine. Elle s'affine encore et laisse voir un homme en uniforme qui reste quelques secondes silencieux.

Kowalski, étonné, reste planté devant l'écran où l'homme en uniforme, toujours silencieux, arbore à présent un sourire malicieux. Rompant enfin son mutisme, l'index pointé vers les téléspectateurs invisibles, il dit :

— Eh non ! ce n'est pas celle que vous attendiez... Elle ne viendra pas avant qu' « Il » ait terminé. Alors, vous allez sagement retourner à la chaîne d'où vous venez. Et vite...

***

Pourquoi le coup du 13 décembre s'est-il déroulé de manière si parfaite ?

— Parce que deux personnes seulement étaient au courant de sa préparation : le Premier Secrétaire du Parti, le Premier ministre, le ministre de la Défense et le maréchal soviétique Koulikov...

***

Kowalski, ouvrier d'usine, a remplacé sa femme aux commissions, mais après des heures de queue, il est rentré les mains vides. Mme Kowalska en termes peu amènes lui en fait le reproche. Le ton monte rapidement car Kowalski, sur le chemin du retour, a tout de même glané quelques verres de vodka...

Soudain s'emparant d'un couteau, il s'avance vers sa moitié, l'air menaçant. Epouvantée, l'épouse pousse un grand cri. Kowalski impressionné se calme et tombe dans une méditation profonde. Après plusieurs minutes, ayant recommencé à boire, il se met à gronder.

— Nous sommes c... de nous disputer alors que les vrais coupables ce sont ces salauds. Tiens, moi je n'en peux plus. Je ne sais pas ce qui m'arrivera ensuite, mais ce que je sais c'est que, toi, demain, tu liras la nécrologie de ce corbeau à lunettes qui nous gouverne.

Sur ces mots, reprenant son couteau, Kowalski s'élance dehors. Sa femme épouvantée tombe à genoux et implore la Vierge de Czestochowa de ramener son homme à un peu de raison. Une demi-heure plus tard, Kowalski, presque dégrisé, est de retour. Il pose le couteau s'assoit dans son fauteuil et allume la télé.

— Mais que s'est-il passé ? demande timidement sa femme.

— Que veux-tu, soupire le mari ; il y avait trop de monde, j'étais pourtant bien décidé et peut-être même que demain... Mais tu comprends, faire deux queues dans la même journée, c'est bon pour une femme. Moi, c'est au-dessus de mes forces...

***

Jaruzelski vient de subir une délicate intervention chirurgicale. Walesa bout d'impatience d'en connaître les résultats. Se rappelant soudain qu'il connaît le médecin qui a pratiqué l'opération, il décroche son téléphone :

— Y a-t-il de l'espoir, docteur ?

— Hélas, fait ce dernier d'une voix lugubre, ma conscience professionnelle l'a emporté...

— Que voulez-vous dire ?
— Qu'il est en parfaite forme, soupire le médecin.

***

Kowalski rend visite à Nowak. Il trouve son ami nerveux, agressif même. Il lui en demande la raison.
— J'ai faim, répond sombrement Nowak.
Kowalski qui est entré par la cuisine y a vu plusieurs boîtes de conserve.
— Mais tu as tout ce qu'il te faut pour te rassasier...
— Ce n'est pas si sûr, réplique Nowak.
— Comment cela ? Toutes ces boîtes...
— Justement. Quand j'ouvre un journal, que vois-je ? La photo de Jaruzelski. Quand je tourne le bouton de la radio, qu'entends-je ? La voix de Jaruzelski. Quand j'allume la télé, qu'est-ce qui m'apparaît ? Jaruzelski.
— Mais tu es chez toi ; alors range ton journal. Eteins ta radio, ta télé et mange.
— Oui, mais si j'ouvre mes boîtes, qu'est-ce que je vais y trouver à ton avis ?

***

Brejnev s'entretient avec Gromyko.
— Rappelez-moi donc le nom de notre grand général borgne qui a vaincu Napoléon...
— Koutouzov.
— C'est cela, et celui de cet amiral anglais, vainqueur à Trafalgar, un borgne lui aussi.
— Nelson.
— Exact, et celui de ce général israélien qui administra la raclée à notre pauvre Nasser...

— Dayan... Mais pourquoi cet intérêt pour les borgnes, camarade Premier Secrétaire ?

— Parce que je me demande si nous ne devrions pas crever un œil à ce général polonais dont j'ai le nom sur le bout de la langue...

***

Comme d'innombrables autres Polonais, le montagnard Janko est soumis au lendemain du 13 décembre à une « vérification » idéologique.

— Que penses-tu des motifs qui ont poussé les autorités à instaurer l'état de siège, camarade ? lui demande un vérificateur.

— J'approuve en tous points les raisons invoquées par le camarade Jaruzelski, répond prudemment Janko.

— C'est fort bien, camarade, mais peut-être as-tu, en outre, quelques vues personnelles sur la question.

Janko hésite une seconde fois :

— Oui, mais je les ai mises en résidence surveillée...

***

Pourquoi les policiers se promènent-ils toujours par trois ?

— Parce que le premier sait lire, le deuxième écrire et que le troisième surveille ces salauds d'intellectuels...

***

Kowalski va à confesse. Il est bouleversé.

— Mon père, je m'accuse d'avoir tué un zomo.

— Allons, mon fils, murmure le prêtre, les péchés mortels d'abord ; la vantardise n'est qu'un péché véniel...

***

La suivante était colportée durant l'état de siège, même si d'aucuns lui attribuent une origine soviétique.

Kowalski s'est fait attraper par une patrouille de zomos après le couvre-feu. Il est conduit au poste de police où un lieutenant un peu éméché décide de s'amuser.

— Je te donne ta chance, dit-il à Kowalski. Comme tu le vois j'ai deux yeux mais l'un est de verre. Si tu me dis lequel, je te relâche.

— C'est le gauche, dit Kowalski sans hésiter.

— Exact. Tu es libre. Mais à quoi l'as-tu remarqué ?

— Il a un je ne sais quoi d'humain...

***

Celle-ci est très cruelle ; elle évoque la misère des retraités, principales victimes de l'inflation qui galope en Pologne depuis l'ère Gierek. Il s'agit d'une frashka, *sort de bout rimé qu'il est rare de pouvoir traduire fidèlement en conservant comme ici, sinon la rime, du moins l'assonance :*

« Soutenez le Parti avec ardeur. »

« Acceptez de mourir avant l'heure »...

***

Nowak à Kowalski :

— Le socialisme vient de remporter une nouvelle victoire !

— Ah oui ?

— L'introduction de cartes de rationnement vient d'être décidée...

— Et tu appelles cela une « victoire » ?

— Absolument : la pénurie de papier a été totalement surmontée.

***

Kowalski est allé retirer ses cartes de rationnement. La préposée lui tend un carnet qu'elle retire d'une pile.

— Non, s'il vous plaît, fait Kowalski, donnez-moi plutôt celui qui est juste en dessous...

— Mais, ils sont tous pareils, fait valoir la préposée.

— Sans doute, rétorque Kowalski, mais c'est si bon de faire comme si on pouvait choisir...

***

Un convoi de médicaments hongrois a été renvoyé à l'expéditeur sans explication par la douane polonaise. Choquée par ce procédé, la Croix-Rouge magyare envoie une demande d'explication à son homologue polonaise.

Elle reçoit en retour le télégramme suivant :

« Prière de ne plus envoyer médicaments portant mention : A prendre après le repas »...

***

A la veille des élections municipales du 17 juin 1984, dont le pouvoir a voulu faire un test mais qui connaîtront un taux historique d'abstentions (25 % reconnus par le gouvernement mais 35 % au moins dans la réalité), un ouvrier debout dans un tramway dit à haute voix ce qu'il pense du scrutin et des listes présentées par le Front d'Union Nationale constitué par le Parti communiste et des formations satellites. Un homme s'approche de lui, montre sa plaque de la police politique et veut l'embarquer.

— Mais je n'ai rien fait, rien dit, s'écrie l'ouvrier.

— Comment rien dit ? Tu te fiches de moi, en plus ! Tout le monde t'a entendu. Ainsi, madame, par exemple...

— Moi ? fait l'intéressée. Moi j'ai trop à penser à remplir l'assiette des gosses pour écouter ce qui se débite autour de moi...

— Soit, mais vous, monsieur, qui étiez encore plus près de cet individu.

— Moi, monsieur le citoyen ? Depuis des années, dès que j'entends un mot de politique, je me bouche les oreilles.

Le policier en désespoir de cause se dirige vers le conducteur et lui demande de témoigner.

— J'ai autre chose à faire, lui répond le traminot.

Dépité et furieux, le flic s'apprête alors à descendre du tramway quand une vieille dame assise près de la porte lance à la cantonade :

— On a beau dire ce qu'on voudra, mais les journaux ont raison quand ils écrivent que rien ni personne n'entamera le Front d'Unité Nationale...

***

Petit lexique télévisé d'après le 13 décembre :

— Qu'est-ce qu'un groupe de 5 Polonais ?

— Une réunion illégale.
— Un groupe de 50 Polonais ?
— Un rassemblement séditieux.
— Un syndicat de dix millions de Polonais ?
— Une poignée d'agitateurs...

***

Popov vient de rentrer d'un séjour en Pologne. Tout ce qu'il a vu là-bas l'a profondément choqué.

— Rien ne se passe dans ce pays comme chez nous, confie-t-il à son ami.

— Vraiment ?

— Rien. Pas même leur façon de se comporter quand on joue l'*Internationale.* Ainsi, chez nous, aux premières paroles tout le monde, sans distinction, se lève comme un seul homme.

— Aux premières notes même, observe l'ami. Et eux ?

— Eh bien, eux, ils se lèvent en deux fois !

— Comment cela ?

— Sitôt qu'ils ont chanté la première phrase...

— *Debout les damnés de la Terre ?*

— C'est cela, eh bien, à ce moment précis, un premier groupe se lève. Ce sont, m'a-t-on dit, les membres du Parti.

— Tiens, tiens, et ensuite ?

— Ensuite quand retentit la seconde phrase...

— *Debout les forçats de la faim ?*

— Oui, à ce moment précis, ce sont tous les autres qui se lèvent...

***

Dans les couloirs d'une conférence internationale ce diplomate chinois a rencontré l'un de ses homologues polonais.

— Nous pouvons considérer que malgré les divers soubresauts de la révolution culturelle, le Parti a, chez nous, la situation bien en main...

— A combien évaluez-vous le nombre de vos contestataires ? demande le Polonais.

Le Chinois hésite une seconde :

— Eh bien pour être tout à fait franc, il y en a encore, mais très peu, guère plus d'une trentaine de millions. Et chez vous ?

— A peine un tout petit peu plus, malgré divers soubresauts.

***

Kowalski est interrogé par un touriste allemand qui veut tout savoir.

— Combien d'ouvriers travaillent-ils dans cette usine ?

— Dans celle-ci ? Environ 30 %...

***

Pourquoi les mineurs de Silésie acceptent-ils de travailler avec tant d'ardeur ?

— Parce qu'à force de creuser ils finiront bien par se retrouver en Autriche.

***

Pourquoi les quotidiens soviétiques sont-ils vendus en Pologne au prix de 2 zlotys, alors que les journaux polonais en coûtent 5 ?

— Il faut bien payer les traducteurs...

***

Celle-ci est authentique. Il s'agit d'une impertinence comme on les aime en Pologne.

Ce grand savant se voit reprocher dans une lettre écrite par le président de l'Académie des Sciences son absence non motivée à une réunion de ce vénérable aréopage.

Sa réponse parvient à l'Académie sous cette forme cinglante :

Dès lors que certains membres, ou présumés tels — de notre Académie — ne sont pas invités à justifier leur présence, je ne vois pas pourquoi j'aurais à justifier mon absence...

***

Ce producteur de télévision a reçu pour tâche de dénicher tous les centenaires du pays et de leur faire raconter leurs souvenirs ; il s'agit d'édifier la jeunesse par le rappel de la misère des temps qui ont précédé l'avènement lumineux du socialisme.

Celui qu'on lui présente dans une petite ville de Mazovie, l'étonne par sa démarche alerte et la jeunesse de ses traits. L'animateur qui a parcouru une longue route dispose de peu de temps et il veut mener les choses rondement. Il se dispense donc des préliminaires d'usage.

— Cher monsieur, dit-il au centenaire, à l'âge qui est le vôtre, on est une mine de souvenirs ; racontez-nous-en donc quelques-uns qui vous ont le plus marqué.

— Je veux bien, fait l'autre, mais le jour où les communistes ont pris le pouvoir...

— Non, vous ne comprenez pas : ce qui nous

intéresse, c'est bien avant. Par exemple, la Pologne des colonels, celle de l'exploitation des travailleurs...

— Je vous entends, mais le jour où les communistes ont pris le pouvoir...

— Tout cela a pris fin, nous le savons. Mais justement ce qui intéresse nos jeunes téléspectateurs c'est ce passé tragique, à jamais révolu. Vous saisissez ?

— Parfaitement, c'est pourquoi je vous dis que le jour où les communistes...

L'animateur va l'interrompre à nouveau mais il se ravise. Se penchant vers le preneur de son et le cameraman, il leur souffle : « Laissons-le radoter. On fera le tri au montage... »

— Je vous disais donc, poursuit l'interviewé, que le jour où les communistes ont pris le pouvoir dans notre ville cela a été une telle pagaille à la mairie qu'un abruti m'a collé 50 ans de trop sur ma carte d'identité...

***

Les trois histoires qui suivent attestent de la popularité de Bujak, le chef de Solidarité clandestine qui depuis trois ans a réussi à échapper aux recherches de la police et fait peu à peu figure de Robin des Bois polonais.

Sur l'aéroport de Varsovie, le directeur de la compagnie aérienne nationale, la L.O.T. rencontre le capitaine des paras commis à la garde des installations.

— L'un des dirigeants de Solidarité a pu s'enfuir, dit le capitaine.

— Ah, fait le directeur ; lequel ?

— Bujak.

— Ils le rattraperont bien tôt ou tard.

— Pour sûr que non, fait le capitaine avec un petit sourire.

— Et pourquoi cela ?

— Parce qu'il a fait son service dans notre unité...

***

La mère supérieure de ce couvent de Carmélites près de Czestochowa est mécontente du relâchement qu'elle constate chez certaines de ses moniales depuis le 13 décembre. Elle fait appeler la plus remuante de ses novices.

— Ma fille, vous n'avez pas encore prononcé vos vœux et je suis prête à faire preuve d'indulgence. Dès lors, je veux bien admettre que vous juriez comme un charretier, que votre cellule soit jonchée au petit jour de cadavres de bouteilles de vodka et que vous fumiez comme une cheminée. Notre monde étant ce qu'il est malgré les objurgations de notre Très Saint-Père, je veux bien fermer les yeux sur vos attitudes équivoques envers certaines de vos compagnes. Mais que vous teniez à présent des réunions politiques dans votre chambre jusqu'à 2 heures du matin, cela, sœur Bujak, je ne saurais le tolérer plus longtemps !

***

Une fois encore, il ne s'agit pas ici d'une histoire inventéemais d'une anecdote authentique.

Par cette nuit venteuse et froide de décembre, l'ambassadeur de Suisse croise un couple âgé qui se hâte pour regagner sa demeure avant le couvre-feu. Complaisant, l'ambassadeur arrête sa voiture et invite le couple à y prendre place. L'homme a repéré la plaque diplomatique. Prudent, il entame la conversation sur des banalités. Se rendant vite compte qu'il a affaire à un Occidental, il ne peut résister à la tentation de lui faire part de la bonne nouvelle qu'il vient d'apprendre.

— A présent, lance-t-il, Bujak est en sûreté. Ils ne l'attraperont pas.

— Allons bon, fait l'ambassadeur. Vous en êtes sûr ?

— Pensez donc. Même s'ils repèrent l'endroit, ils ne pourront y accéder. C'est l'ambassade de Suisse...

***

Après s'être confessé, Kowalski demande à son vicaire s'il y a un moyen de se débarrasser des communistes.

Le prêtre réfléchit quelques instants.

— Il y en a deux, dit-il. L'un est naturel, l'autre miraculeux.

— Quel est le moyen naturel ?

— Que tous les peuples qui subissent ce fléau implorent avec force le Seigneur. Alors celui-ci dans Sa bonté et Sa miséricorde dépêchera l'ange exterminateur, armé de son glaive de feu, qui chassera les communistes.

— Mais, mon père, je vous avais demandé le moyen naturel et...

— C'est bien de celui-là qu'il s'agit, répond sentencieusement le prêtre.

— Mais, le moyen vraiment miraculeux, alors ?

— Ce serait que les communistes partent tout seuls.

***

Le train s'est arrêté en pleine campagne pour une raison inexpliquée. Il emporte Bierut, Gomulka, Gierek et Jaruzelski. Le premier décide de quitter le compartiment et d'aller aux nouvelles. Une demi-heure plus tard, il est de retour.

— Nous allons bientôt repartir, affirme-t-il, c'était un acte de sabotage. J'ai pris les mesures nécessaires : les mécaniciens suspects seront fusillés.

Mais le train reste immobile dans la campagne grise et les trois autres s'impatientent. Gomulka décide de prendre les choses en main et descend à son tour.

Il revient peu de temps après.

— Rien d'étonnant, dit-il. Le chef de train a un arrière-grand-père juif et le machiniste est universitaire. J'ai pris les mesures nécessaires : le premier émigrera en Israël et le second sera rétrogradé.

Mais le temps s'écoule et le train ne bouge toujours pas.

— Allons, lance Gierek avec un soupir. C'est encore à moi qu'il incombe de mettre de l'huile dans les rouages.

Il se dirige à son tour vers la tête du train où il reste cinq minutes à peine.

— En voiture, crie-t-il aux autres qui se sont égaillés dans les fossés d'alentour. On va repartir d'une minute à l'autre...

— Tu en es sûr ?

— Absolument. J'ai décrété une amnistie générale, j'ai réhabilité tout le monde et je leur ai demandé de m'aider. Ils ont réagi très favorablement.

De fait, quelques coups de sifflet retentissent ici et là mais bientôt le silence retombe sur le train toujours immobile dans le soir qui tombe.

Dans le compartiment, les mines s'allongent. Jaruzelski, fidèle jusque-là à la tradition de la grande muette, n'a pas encore ouvert la bouche. Les autres se sont tournés vers lui.

— Il y a bien une solution, murmure-t-il.

— ?...

— Faire comme si le train avait démarré...

***

— Comment la Pologne socialiste a-t-elle célébré en 1984 son quarantième anniversaire ?

— Par une large amnistie...

— Comment la Pologne populaire célébrera-t-elle en 1994 son cinquantième anniversaire ?

— Par une amnistie encore plus large...

***

C'est la toute dernière histoire qui nous est parvenue de Pologne. Elle montre que le chagrin et la colère, même à leur paroxysme, ne découragent pas les créateurs de l' « *humour des pendus* », *une appellation tristement appropriée car ici la plaisanterie qui fait directement allusion au destin tragique du père Popieluszko fait rire... aux larmes.*

Un brave curé de campagne, parti rendre visite à l'une de ses ouailles, chemine sur une route. Une voiture de la police s'est arrêtée à sa hauteur et l'un des occupants lance à l'ecclésiastique :

— Où allez-vous, mon père ? Nous pouvons peut-être vous déposer...

— Vous êtes fort aimable, mon fils, mais je ne sais pas nager...

TABLE DES MATIÈRES

Achevé d'imprimer en avril 1985
sur presse CAMERON
dans les ateliers de la S.E.P.C.
à Saint-Amand-Montrond (Cher)
pour le compte du Carrousel-FN

Dépôt légal : mai 1985.
N° d'impression : 343-168.
Imprimé en France